VOYAGE

DE

Antoine-Nicolas Duchesne

AU HAVRE ET EN HAUTE NORMANDIE, 1762

PUBLIÉ AVEC NOTICE

Par l'Abbé P. BERNIER

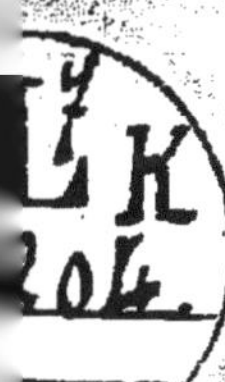

VOYAGE

DE

Antoine-Nicolas Duchesne

AU HAVRE ET EN HAUTE NORMANDIE, 1762

PUBLIÉ AVEC NOTICE

Par l'Abbé P. BERNIER

NOTICE

SUR ANTOINE DUCHESNE ET SUR ANTOINE-NICOLAS SON FILS (1).

Les Duchesne appartenaient à une famille de nobles bourgeois de Paris, qui s'étaient fait un nom dans les Arts mécaniques. Jean Duchesne (né en 1568) était maître serrurier ; Denis (né en 1607) avait obtenu la charge de *Serrurier ordinaire du Roi*. Louis XIV avait créé pour Nicolas (né en 1663) la charge de *Prévôt des bâtiments du Roi*, office important, honorable, qui mettait ce fonctionnaire en rapport avec beaucoup d'artistes et le rendait leur intermédiaire auprès de la Cour.

Antoine (né en 1708), fils du premier titulaire, et comme lui peintre et architecte, lui avait succédé dans les mêmes fonctions. C'était un homme éclairé, artiste et naturaliste. Il avait rassemblé les matériaux d'une histoire de l'architecture et s'était beaucoup occupé des meilleurs

(1) Les principaux détails de cette notice ont été puisés dans une *Notice biographique* sur Jean Duchesne, conservateur du département des estampes à la bibliothèque impériale, extraite du *Bulletin de la Société de l'Histoire de France*, n° de mai 1855. C'est M. l'abbé Tharsice Duchesne, prêtre de Sainte-Marie de Tinchebray, arrière-petit-fils de Nicolas Duchesne, et possesseur du manuscrit, qui nous a communiqué tous les renseignements, inédits et imprimés.

moyens d'améliorer l'éducation par l'observation et l'étude des arts et des sciences. Ses lettres (inédites) de « grand-papa » sur ce sujet sont fort curieuses et mériteraient une étude spéciale. La correspondance du peintre Ch. Joseph Natoire, directeur de l'Ecole des Beaux-Arts de Rome, avec Antoine Duchesne (1751-1761), qui a été publiée dans les *Archives de l'Art français* (1852-1853), montre toute l'importance des fonctions de prévôt des bâtiments du Roi et la valeur personnelle de celui qui en était alors chargé.

Antoine avait obtenu pour son fils la survivance de ces fonctions, lorsque la Révolution les supprima avec toute l'organisation de la maison du Roi. Antoine mourut en 1795.

*
* *

Antoine-Nicolas, né à Versailles en 1747, s'était alors acquis une réputation presque européenne dans une carrière différente. La place qu'occupait son père lui avait permis de cultiver ses goûts pour la botanique. Avec son compatriote et ami Richard, il fit des expériences sur la naturalisation des plantes et sur la physiologie végétale dans les jardins de Trianon, sur lesquels son père exerçait une inspection administrative. Là il suivit les leçons et les herborisations de Bernard et d'Antoine-Laurent de Jussieu, s'initia à la méthode naturelle qui a fait leur gloire et, à dix-sept ans, publia, sous les auspices de Bernard, un *Manuel de botanique* contenant les caractères et les propriétés des plantes des environs de Paris, avec les noms vulgaires plus propres à les faire mieux connaître (1764). En 1766, parut son *Histoire naturelle des fraisiers*, et un peu plus tard son *Essai sur l'histoire naturelle des courges*. Ces deux ouvrages, fort estimés de leur temps, devaient être accompagnés de plus de trois cents dessins exécutés par Nicolas. Ces dessins en couleur, dont quelques-uns seulement furent publiés par Lamarck (*Encyclopédie méthodique*), font aujourd'hui partie des riches collections de dessins originaux que possède la bibliothèque du Museum d'histoire naturelle.

Ce fut à deux autres écrits de Nicolas, composés après un voyage d'étude en Angleterre, et intitulés : *Considérations sur la formation des jardins* (1775), *Considérations sur le jardinage* (1779), que Delille emprunta le fond de son *Poème des Jardins* et les règles de goût qu'il y a si élégamment exposées.

A cette époque le jeune naturaliste était déjà en relations scientifiques et amicales, non seulement avec les Jussieu, mais avec Buffon, Malesherbes, Haller, Adanson et Linné. Deux lettres curieuses montrent en quelle estime il était tenu par le grand botaniste suédois. Nous lisons dans la première, datée du 23 décembre 1769 :

Nobilissimo juveni Dno Ant. Nic. Duchesne
S. pl. d.
Carolus a Linne.

« Accepi dulcissimas tuas, N. D., die 10 novembris datas, in quibus me beare voluisti primo tuæ eruditionis flore et nova *Fraganæ* specie. In tenera adeo ætate nullum etiam nunc novi qui tam longe penetravit in Flore regna ac tu, dum potuisti usus medicos et æconomicos plantarum patriarum tam egregie tamque complete indigilare. Prævidebit quivis quantus tu eris in hac arte si D. T. O.

tibi plures annumerat annos, quod animitus opto. Tibi gratulor qui poteris quotidie adsidere lateri Magni artis nostræ Principis et ex ejus ore haurire eam experientiam et doctrinam, quam nullus unquam antea potuit comparare. In tuo libro observo tot pondera quot verba; hoc eo magis miratus, cùm competat solum viris senioribus et in arte longissime provectis.

« Devotissima mea reddas vota Summo D. Jussieu et me tuis annumera.

« Dabam Upsalide, die 23 Decemb. 1769. »

La seconde lettre, écrite d'Upsal, le 26 février 1771, et arrivée à son adresse le 12 avril, intéressera particulièrement les botanistes qui s'occupent de l'acclimatation des plantes.

« Grates reddo maximas pro universa varietate seminum *Peponum*, quibus me beare voluisti. Utinam in nostro Climate adolescerent, ubi rarius ad frugem perveniunt ob brevem æstatem.

« Quamdiu vixero ero in tuo ære pro pulcherrima *Calceolana*, quæ me per duas æstates immense exhilaravit.

« *Dalasiampiæ* semina, quæ præterito anno ex Italia habui, dedit mihi egregiam Dalasiampiam cum floribus seminibusque innumeris.

« Doleo quod *Loose* (Ortiga... ?) ignavia botanicorum plane perierit; quæsivi ejus semina per omnes hortos botanicos frustra. Ultimo fuit in Bohemia, unde ultimo semina accepi, sed qocta (?)

« *Tropæoli peregrini* (?) semen optarem, sed forte non concedendum extero.

« Mittam iterum proxima æstate desideratas plantas, sed vereor quod apud vos pereant. *Rubra Chamæmoni* expetit omnino idem solum cum *Dionæa*, nempe paludosum.....

« *Linnæa* sæpius fuit introducta in hortum nostrum, sed vix annum duravit. Expetit sylvam pinosam, sterilissimam, siccissimam sed terrâ noctu roridâ. Mittam *Rubrum* et *Fragenam* (?) habebis.

« *Riber cynosbali (?)* et *oxyæ anthoides* dudum periere in horto.

« Quære, quæso, ex Artis nostræ Antistite D. D. de Jussieu, quem millies salutes, nùm videat flores *Crassulæ portulacariæ* sp. pl., et an ejus fructificatio conveniat cum *Claytoniæ (?)*. Nescio nùm habeatis *Ellisiam;* semina ejus ceterum mitto sat disferenda (?) Annua folia omnino *hydrophylli* sunt.....

« *Zizania* tua quotannis me exhilarat floribus et seminibus.

« Si haberes semen unicum alterumve *Triclosanthes*, enixe unicum alterumve expeterem pro hoc anno (1). »

La botanique n'absorbait pas toute l'activité de Nicolas Duchesne. Unissant toujours des vues pratiques aux expé-

(1) La première lettre de Linné figure dans le tome III de l'*Isographie des hommes célèbres* ou *Collection de fac-simile* de lettres autographes et de signatures, exécuté par Th. Delarue, lithog., sous les auspices de MM. Bérard, anc. député, conseiller d'Etat; de Châteaugiron, Duchesne, conservateur du Cab. des Est. à la Biblioth. roy. (Paris, Delarue, Truttebet-Wurtz, 1843). — La seconde lettre pourrait bien faire partie de la collection Léon de la Sicotière, à Alençon. — La copie que j'ai sous les yeux est informe, faite évidemment par un ignorant qui ne connaît pas le latin. J'ai dû rétablir le texte plusieurs fois, mais d'une façon incertaine. Une collation sérieuse serait utile; mais je ne puis la faire.

riences et aux théories de l'observateur, le naturaliste a laissé son nom attaché à plusieurs initiatives ingénieuses et fécondes. Il conçut, des premiers, le plan d'un *Musée industriel*, tel qu'il a été réalisé plus tard au Conservatoire des Arts-et-Métiers. Le premier peut-être, il essaya de remplacer les informes petits almanachs qui, depuis des siècles, répandaient dans les campagnes tant de vieilles et dangereuses erreurs, par une sorte de Calendrier ou d'Almanach horticole et agricole, dans lequel on ne trouvât que des notions utiles et exactes. Depuis 1770 jusqu'en 1771, il publia ces petits volumes à six sous auxquels il donna le titre du *Jardinier prévoyant*. Ce fut le point de départ du *Bon Jardinier*, qui ne s'est point, croyons-nous, interrompu depuis.

Dès l'année 1784, Nicolas Duchesne s'occupa aussi, avec une activité passionnée, de la rédaction du *Portefeuille des Enfants*. Enseigner à l'enfance en l'amusant, non moins par des dessins variés et fidèles que par des descriptions claires et concises, les éléments de l'histoire naturelle, des arts, de l'industrie et de la géographie, tel était le but de l'auteur. Il y ajoutait le conseil de promenades, destinées à l'observation des phénomènes naturels, et de visites à des établissements d'industrie, suivies d'un résumé écrit des observations recueillies. C'était le développement d'un plan d'éducation dont son père avait fait avec lui-même une si profitable expérience et qui nous a valu le récit de plusieurs voyages analogues à celui du Havre.

Nommé, grâce à Fourcroy, professeur d'histoire naturelle à l'Ecole centrale de Versailles, puis au Prytanée de

Saint-Cyr, et plus tard censeur au Lycée de Versailles, il créa la Société d'agriculture de cette ville, rédigea, de 1802 à 1822, l'*Annuaire* du département de Seine-et-Oise, et publia un *Guide* ou *Cicérone de Versailles*, qui, depuis 1805, a eu de nombreuses éditions.

Homme de bien, laborieux et modeste, Nicolas Duchesne mourut presque octogénaire, le 18 février 1827, après une longue maladie dont les souffrances furent adoucies par la religion, ainsi que par la pieuse et tendre sollicitude de ses enfants, honneur et bonheur de sa vieillesse.

P.-D. BERNIER.

GÉNÉALOGIE DE LA FAMILLE DUCHESNE

1437. — LOUIS, noble bourgeois de Paris.
1469. — JACQUES, noble bourgeois de Paris.
1502. — GUILLAUME, noble bourgeois de Paris.
1535. — FRANÇOIS, noble bourgeois de Paris.
1568. — JEAN, maître serrurier.
1607. — DENIS, serrurier ordinaire du Roi.
1663. — NICOLAS, prévôt des bâtiments du Roi
1708. — ANTOINE, architecte, peintre et prévôt des bâtiments du Roi.
1747. — ANTOINE-NICOLAS, naturaliste, prévôt et professeur.

Branche aînée	*Branche cadette*
1779. — JEAN, conservateur des estampes à la bibliothèque royale.	1781. — GUILLAUME, conservateur des estampes à la bibliothèque royale.
Postérité.	Postérité.

VOYAGE AU HAVRE (août 1762).

Passant par : *La Queue, Houdan; — Dreux, Nonancourt, Verneuil; — Danville, Evreux; — Saint-Aubin, Elbeuf; — Rouen; — Duclair, le Vaurouis, Caudebec; — les Forges, le Havre.*

Revenant par : *Les Forges, Caudebec; — Ducler, Jumièges; — Ducler, Rouen; — Fleuri, Ecouis, Andelys; le Vaudreuil, Gaillon, Vernon; — Mantes, Meulan; — Saint-Germain, Versailles.*

Le bois de Pontchartrain. — La butte de Ponchartrain. — Le samedi 31 juillet, nous sommes partis avec M. Boudier, trainés par Catogan et Cadet gris blanc, surmonté d'Antoine (Bleu), nous avions derrière nous Gentil verd. Sortans des deux parcs, dès les *Plaisirs* nous avons trouvé aux terres l'aparence normande, terres fortes, et force pommiers. Le cidre cependant n'est pas excellent, au dire d'un chartier que j'ai vu en faire de la soupe. Le bois de Pontchartrain est un beau pays de chasse, mauvais terrain, frênes de ligne de deux ou trois ans de plantation. La butte de Pontchartrain est comparable aux travaux de Juvizy. Les terres que l'on a coupées sur la cime, font une haute chaussée dans le fond.

Château de Pontchartrain. — La Queue (1re *dinée*). — Le château de Pontchartrain est en face de la butte. On a établi une poste à la Borde, à l'extrémité du parc de Pontchartrain. On travaille actuellement à la chaussée vis à vis Neaufle-le-Vieil qu'on laisse sur la droite. Nous avons diné à *la Queue*, à l'image Saint-Pierre. La fille de l'hôtel très jolie et sage en aparence. Cette hôtellerie est bâtie depuis dix ans. L'escalier, la distribution des alcôves et du corridor n'est point mal trouvée. La Queue n'a qu'une longue rue et quinze auberges, c'est la dernière couchée des voitures qui vont à Paris (1).

Samedi 31 juillet. — Houdan (1re *couchée*). *— Dreux* (2e *dinée*). — Nous sommes arrivés à ***Houdan*** pour coucher chez Mme Rognon, *aux Trois Rois*. Cette honnête dame m'a guéri d'un dévoiement de huit à dix jours avec une copieuse rôtie au vin et au sucre, qui m'a fait relever six fois dans la nuit et m'a guéri radicalement. La ville est ancienne. Les maisons de bois sculpté. La *rue de la paroisse* loge la noblesse du pays. L'église est en gothique assez léger, elle n'est point achevée; les puits sont profonds, on tire les sceaux par le moyen d'un treil et de deux manivelles. Le treil est couvert d'un chaperon en planches (2). Un reste de vieux château, dont il ne subsiste qu'une tour, apartient à *M. de Chevreuse*. La Tour du Midi de la paroisse n'est point achevée, elle est couverte provisionellement et les cloches placées dans cette charpente d'attente; on a gâté le rond point du chœur par un mauvais rétable d'architecture romaine. Le rond point extérieur et le pourtour des chapelles est de même architecture et du même tems. Nous sommes partis de Houdan (3) messe entendue, à sept heures du matin, et arrivés à *Dreux* à dix heures un quart (4). Nous sommes encore dans la généralité de Paris et nous n'en sortirons que ce soir en arrivant à la couchée, à Nonancourt. La Collégiale de Dreux est au sommet de la montagne, à coté des ruines de la citadelle. Dreux est sur la petite rivière de *Blaise*. Nous avons trouvé quelques plantes sur la montagne (voyez l'herborisation, ch.....). C'est la patrie de Rotrou et de M. Godeau, évêque de Vence. Nous étions logés au *Paradis terrestre*, dans le marché (5). Nous avons remarqué de distance en distance des pierres numérotées que je soupçonnois être de mille toises à mille toises, et cela est ainsi.

Dimanche 1er août. — Nonancourt (2e couchée). — Nonancourt. — Le dimanche 1er août nous sommes arrivés à *Nonancourt*, chez Mme Fournier, à la *Ville de Rouen* et au *Grand Cerf* réunis. Le père Fournier s'est retiré; il a une jolie maison vis-à-vis le portail de l'église Saint-Martin. Le lendemain, avant que de partir, nous avons visité le château de Saint-Lubin qui appartenait au président de ce nom, seigneur de Nonancourt, et qu'il a vendu depuis huit ans à M. de la Boissière, fermier général, mort en 1762. M. de Cremille, son frère, y loge dans la maison du jardinier, qu'il appelle son hermitage. La rivière d'Avre y forme diférens canaux. Une partie de jardin du territoire de Nonancourt a été achetée par M. de la Boissière, qui y a fait faire un parterre d'orangerie et de petits pleins bois de rosiers et autres arbrisseaux. Le tilleul y forme des portiques très joliment élagués. Une terrasse, une corbeille de fleurs, en face du grand chemin, ont rendu cet endroit agréable. Le château est ancien, en briquetage et crépi, un pont mène à l'église de Saint-Sabin, très près du château. Au rond point de l'église est une sacristie neuve et un fruitier qui forme décoration extérieure sur le jardin (6).

Lundi 2. — Verneuil. — Séjour (3e et 4e couchée). — Quartier, jardinier fleuriste. — Verneuil. — Le lundi 2 août, nous sommes arrivés à *Verneuil* (7), ville assés considérable, six paroisses, dont la principale est la Madeleine. Sa tour gotique et élevée est remarquable pour la gentillesse et la légerté de son amortissement; après diné nous avons visité *Mme Milon*, veuve d'un notaire. Il n'y a pas dix ans que la femme d'un notaire n'avait point de montre d'or, de dentelles, ni de mantelet. Ce luxe s'est introduit ici (8). On nous a enseigné le *nommé Quartier*, jardinier fleuriste et potagiste. Son terrain est joignant *la rivière d'Yton*, près l'abreuvoir, par delà la porte de Rouen, sur le chemin de Rouen. Le voisinage de cette rivière lui a permis d'y faire une saignée qui remplit un bassin au milieu de son jardin et va se décharger par une pareille saignée à l'autre extrémité, ce qui lui donne un grand avantage pour cultiver ses plantes de marais et fleurs; il a donné quelques graines et cueillettes de fleurs pour l'herbier. Il promet de la pervanche pannachée, si elle fait plaisir à M. Richard. Il a vu Barbier revenant des Baux. Les façades des maisons de Verneuil sont en colombage, en briquetage, en bizet, en bardau pour couvrir le colombage. Les nouvelles maisons sont en briquetage et ravalement de chaux et sable qui font un fort joli effet. Nous avons logé au *Grand Monarque*, chez M. Pinson, grande rue Notre-Dame. Nous avons vu la rue Pont-aux-Chèvres, la grande rue de la Madeleine, où demeure Mme Milon. La tour de Saint-Jean passe pour la deuxième en curiosité. Près de cette église, la femme d'un garde de M. de Courteil nous a conduit chez le jardinier Quartier.

M. Villette, apothicaire de Verneuil. — M. Villette, apothicaire, a un jardin hors de la ville, près la *tour grise*. Il y a fait plusieurs établissemens, une faïencerie, un moulin à moudre l'émail à la manière des hollandais, une cirerie à l'imitation de celle de M. Trudon, à Antoni. Son jardin a peu de plantes, il est négligé. Au reste, M. Villette a marié son fils à la fille de *M. Duval*, qui a une des jolies maisons de Verneuil et qui nous a donné fort bien à souper (9).

Château de Courteil. — Le château de *Courteil* est a cinq quart de lieues de la ville sur le chemin de Paris. Il est rebâti depuis peu, les peintures du rez de chaussée ne permettent pas encore d'y coucher. *M. Carpentier* en est l'architecte. La façade du côté de la cour, jointe à celle des écuries en retour par une aile basse circulaire, fait un bel effet. L'avant-cour, les fossés, la grille, une foret de barrières, ont un air de magnificence peut-être un peu déplacé. Les jardins ne répondent pas à l'intelligence du bâtiment, une terrasse immense au coin du jardin a coûté immensément et empêche de voir la campagne qui se présente là tout naturellement. L'art a gâté la nature. L'enfilade du château se termine mesquinement par un boudoir sur lequel on a mis une entresole. Le point de vue de cette enfilade est un petit parterre de mauvais goût terminé par un petit mur d'apui qui empêche de voir la forêt. Le potager est un grand quarré divisé en quatre parties, avec un bassin au centre, et entouré de quatre terrasses de niveau pour faire un parterre. M. de Courteil a perdu son fils, agé d'onze ans, lorsque le bâtiment étoit commencé. La forêt de Courteil est le plus bel ornement de ce château. M. de Courteil est aussi gouverneur de Verneuil et jouit des fossés et des tours et murs de la ville. Il a obtenu la permission de démolir les graisseries de la porte de *Tilières*, dont les restes font trembler les passans qui craignent d'être écrasés sous les ruines. Il a fait de ces graisseries le patin de son château jusqu'à hauteur de retraite ; c'est là ce qui sera le plus durable. Le briquetage des croisées et corniches et le ravalement en chaux et sable des trumeaux fait actuellement une jeune maison joliment fardée, qui vieillira bientôt et ne sera plus qu'une vieille recrépie.

Verneuil. — *La Madeleine* est la principale église de

Verneuil, où nous avons logé au *Grand Monarque*, chez Mme Neveu ; *Saint-Jean* est la deuxième ; il y en quatre autres, celle de *Saint-Laurent*, près la *Tour Grise*, un couvent de Cordeliers et un d'Augustines. La Tour Grise subsiste encore ; elle est bâtie d'une matière qu'on appelle du *grison*, que l'on trouve dans les environs, sur la superficie, à un pied de profondeur à peu près, comme on trouve la meulière des environs de Versailles. J'en aporte un échantillon. Ce grison est durable (10). Nous avons vu avec M. Duval, sous-fermier de l'abaye de Jumiège, *l'étang de France*. C'est un étang desséché qui fait une belle prairie basse arrosée par *l'Iton*, qui *sépare la France d'avec la Normandie*. Les fossés de la ville sont très profonds. Le commerce est peu de chose. Quelques tanneurs, beaucoup de petits marchands. La ville mal peuplée. Aux enterremens, deux sonneurs lugubres, marchant devant avec leurs sonnettes, plusieurs confrères en noir ont une espèce de chaperon couleur de feu sur l'épaule. Les femmes, parentes ou amies, marchent derrière. En général, on est paresseux à Verneuil ; les femmes tricottent pour les bonnetiers ; plusieurs personnes se sont retirées en cette ville depuis quelques années. On y abandonne le colombage, on bâtit en briquetage, ce qui embellit la ville.

Départ de Verneuil. — Le mercredi matin 4 août, départ de Verneuil à sept heures et demie. Le souper de la veille, chez M. Duval, nous avait donné la maladie du pays. Nous avons commencé à trouver les vrais chemins de Normandie. Des fourches à tout instant sans indication ; il faut se conduire par la carte et la boussole, car on ne trouve personne sur la route, et si nous n'avions eu le bonheur de voyager pendant la moisson, c'eût été bien pis. Des landes assez fréquentes, des terres excellentes à côté. Est-il bien sûr qu'on ne puisse défricher ces landes?

Damville (5e *dinée*). — Nous sommes arrivés à Damville à midi, chez le maître de la poste, maître écorcheur; *un saule* a fixé nos regards, il a plus de soixante pieds de haut, et fait une belle pyramide. La tige droite et saine; il est au bord de *l'Iton*, près du pont. Les vestiges du duché de Damville ne sont plus qu'un tertre sur lequel est bâtie la maison du *garde*. La paroisse joignante de l'autre côté de l'Iton est la paroisse de *Monceau*. Le bordage de la rivière est parsemé de plantes aquatiques dans le plus bel état. La verveine y a trois à quatre pieds de haut. Le garde général nous y a reçu avec politesse; il connaît quelques plantes et nous a demandé le nom de celles qu'il ne connaît pas. On vient de tems en tems herboriser dans cet endroit qui est abandonné à la simple nature (12). Deux marchés couverts, celui des bouchers et celui des grains, sont les seules choses à voir. Les habitations indiquent la misère des habitants. M......... est seigneur de ce duché. Le garde en est le receveur général. C'est un paysan renforcé qui jouit de tous les agrémens d'un seigneur. Il ne chasse que pour son plaisir. Son cabinet est plus rempli de papiers d'affaires que celui de bien des gens de finances. Il a une enfilade de pièces sans autres meubles que son lit, de grandes tables couvertes de papiers et quelques chaises. Notre ami Boudier se ressouviendra de Damville où il n'a point herborisé, ce qu'il déteste.

Mercredi 4. -- Evreux. — Séjour (*couchée* 5e, 6e *et* 7e), *à vingt-trois lieues de Paris.* — Nous sommes partis de Damville à trois heures et demie, et nous avons fait le chemin moitié en chaise, moitié à pié. Nous avons trouvé quelques *gentilhommières* qui annoncent la plus complette pauvreté. Les mœurs anciennes s'y sont refugiées.

C'est dommage qu'elles en aient chassé la propreté; elles en seraient plus estimables, mais elles n'ont souvent pour compagnes que la paresse et l'orgueil. Une fumée épaisse dans le bois nous a fait voir qu'on y faisoit du charbon. Il étoit presque cuit. La masse étoit couverte de poussière; une échelle posée dessus pour visiter et charger la cheminée centrale; plusieurs trous donnoient sortie à la fumée. Un abrivent de bourrées placées debout côte â côte au dessus du vent. Tout cela nous a donné l'idée de la manière dont on fait le charbon. L'encyclopédie nous donnera les details. La *forêt d'Evreux* est de toute beauté et d'un grand rapport. Ce sont des chênes de retontes. Quelques villages, quelques clarières, des routes font de ce lieu un beau pays de chasse (13). Les aproches d'Evreux sont très difficiles; un chemin creux et rapide, des ornières fort creuses obligent les voyageurs de faire une demi lieue à pié avant que de descendre à la ville. Nous sommes logés au *Grand Cerf*, chez le maître de poste, où *M. le Président Turgot* venoit de descendre. Il nous a fait demander des nouvelles. Il est dans l'impossibilité de marcher. La goutte le tourmente depuis dix ans: il n'a que quarante ans. Il est bel homme et fort poli. Quand il a su le sujet de notre voyage, il nous a donné plusieurs indications: vis à vis Jumièges, la Meilleraie et la forêt de Brotonne; au sortir de Rouen, le Vaudreuil. Il doit me donner chez lui, à Paris, un mémoire sur la manière d'élever des figuiers dans l'eau courante. Il m'a conté que M. le chevalier Turgot (j'ai vu depuis, à Trianon, M. le chevalier Turgot avec M. de Jussieu, et M. Richard nous a donné à diner), et M........... avoient trouvé, dans un bouquin, la manière de conserver les œillets dans le sable, que le laquais de....... en faisoit usage; après que M. Turgot avoit communiqué ce secret à M. de R..., celui-ci avoit voulu faire enfermer le domestique. M. le chevalier Turgot, pour conserver la liberté du laquais, a fait mettre dans les papiers publics le procédé de la conservation des œillets et a cité le livre et la page où l'on trouve ce petit secret. C'est ainsi que la charlatanerie a été découverte.

Evreux dans un fond malsain. — *Evreux* est placé dans un fond entouré de hautes colines de tous côtés, ce qui doit rendre cette habitation mal saine. On descend rapidement pour y arrriver. On commence présentement un chemin sur la route de Paris; la misère du temps l'a fait abandonner. *Un bonhomme de vigneron,* âgé de quatre-vingts ans, possède un petit héritage qu'il a acheté cinquante pistoles qui sont, dit-il, le fruit des travaux de sa jeunesse; il n'ose l'engraisser par ce qu'on doit y faire passer le nouveau chemin. « Ils prendront mon héritage. Je ne sais, ajoute-t-il, s'ils me rembourseront, mais je le cultive toujours en attendant, par ce que je suis élevé dans les vignes et que je m'ennuierois à rien faire. » Que cette tranquilité est estimable et qu'elle aura peu d'imitateurs! Il ne murmure point, il est résigné à la volonté de la Providence.

La Cathédrale N. D. est un monument de plusieurs siècles et que d'autres siècles ont restauré. Le chœur est le plus ancien. C'est un gotique léger du XIIe au XIIIe siècle. La neuf a été bâtie vers le XVe et la chapelle de la Vierge encore aprés. Le portail principal est de deux tems différens. La Tour, à droite du spectateur, est toute de pierre et n'a que trois ordres l'un sur l'autre. Les ceintures des colonnes sont dans le stile de Philibert de l'Orme, architecte des Thuileries. La Tour à droite se nomme *la Tour du gros Pierre,* du nom de la cloche qu'elle renferme; elle a cinq colonnes l'une sur l'autre, d'une petite proportion, et pourroit être de Bular. Le défaut général de la cathédrale est d'être plus basse que la ville, comme celui de la ville est d'être plus basse que la campagne qui l'environne. On voit partout les armes de la maison de France d'Evreux. Le bufet d'orgue est peut être de la plus ancienne décoration, comme celui de Compiègne, et d'une meilleure, à coup sûr, que ceux de Saint-Roch, de Paris, et de Saint-Louis, de Versailles. Cette orgue ne bouche pas la rosette et paraît avoir été faite pour l'Eglise, au lieu que les deux autres paroissent des hors d'œuvre, faits après coup, et sans aucune convenance avec l'édifice qui les renferme, et à qui elles devoient être subordonnées.

On a gauchement amoderné les arcades de la nef, de voûtes d'ogives on a fait des arcs en plein ceintre. On en a diminué la force, et la voûte principale de la nef s'en est ressentie et a fléchi en dessus des vitraux des deux côtés.

M. Carpentier a été chargé, il y a quelques années, de la décoration intérieure du chœur et du maître autel. *Une gloriette dorée*, une vierge en marbre au-dessus du second autel du rond point, ont bouché la vue de l'arcade du milieu qui n'a plus sa proportion gotique. Il n'a pas tenu à lui qu'on n'ait jetté à bas le Jubé, ouvrage léger du tems. Seroit-il possible qu'il ait eu cette idée? N'auroit il pas senti que le défaut de cette église est d'être ridiculement étroite pour sa hauteur et sa longueur? De plus, la grille qu'il vouloit mettre au chœur auroit fait passage à la vue et auroit fait apercevoir la disparate des deux morceaux, du chœur et de la nef. Il a proposé de jetter à bas un méchant rétable qui est à l'autel de la chapelle de la Vierge et il a eu raison. Le portail du nord est pur gotique, celui du midi n'a aucun ornement et ne sert que de passage à l'évêque. L'évêché est un vieux bâtiment lourd et triste. Le portail d'entrée du doyenné est bien autrement décoré; il paraît être du tems de Louis XII ou de la jeunesse de

François Ier. La couverture est bien plus haute que le bâtiment. Les balustrades des deux tourelles sont décorées de pierres découpées à jour. On leur donne le nom d'*Ambroise le Veneur* qui aparament a fait constuire cet édifice aux dépens de la flèche de la tour de l'abaye de Jumiège dont il étoit abbé. Il en a fondu le plomb, c'est ce que j'ai apris depuis à Jumiège. Les autres églises n'ont rien de remarquable et ne méritent pas d'être décrites. *M. Chevalier, éducateur du Roi,* travaille actuellement à décorer l'autel principal et le baldaquin de la paroisse Saint-Pierre aux dépens de la fabrique (16).

Château de Navarre. — Le vendredi 6 août, promenade à *Navarre,* à demi lieue d'Evreux. C'est la seule gorge par laquelle on puisse sortir de la ville. Une belle chaussée bordée d'arbres et arrosée de deux bias de l'Iton est un ouvrage tout nouveau. L'avenue de Navarre est large et belle. On vient de relever la chaussée. Les eaux sont ici d'une limpidité charmante. Deux grands bassins ont au milieu un ajoutage qui fait aller deux jets d'eau de quarante pieds environ. Ce sont les seules eaux saillantes; les eaux plates sont en abondance. La grille ferme la cour du *château* qui est un gros pavillon quarré surmonté d'un dôme. La façade est composée d'un avant corps, dont le rez de chaussée est décoré de deux colonnes et de deux pilastres formant un vestibule. L'entredeux des colonnes et pilastres est vitrée. La fermeture du Dôme a pareille décoration de deux colonnes et de deux pilastres et les entrecolonnemens sont fermés par des glaces. Le plan du pavillon quarré est composé de quatre vestibules, de quatre appartemens et d'un salon central éclairé à l'italienne par les croisées du premier étage. A droite et à gauche de la façade d'entrée, en arrière corps sont des harpes qui attendent deux ailes qui devoient former arrière corps et monter seulement jusqu'à la balustrade du premier étage. L'avant-corps est surmonté d'une attique et d'une balustrade et le dôme central surmonte la tour. C'est dommage que les cheminées paroissent. Une terrasse sert de patin au corps du château. Ce château est du dessin de M. Buisetta qui en a pris la conduite, à ce que je lui ai entendu dire. On y monte par quatre escaliers. On a perdu de vue l'ancien plan et M. le prince de Bouillon a fait bâtir *un petit château* à l'alignement du devant de la terrasse d'entrée. Ce petit château est isolé et laisse un jour entre ce bâtiment et le château. Le prince compte bâtir une seconde aile isolée sur la gauche, ce qui laissera le château en arrière-corps. On trouve *l'île d'Amour* sur la gauche du château au bout de l'allée de maronniers. Une décoration d'orangers rangés en position circulaire termine le point milieu de la façade postérieure du château. Le potager, les serres chaudes sont sur la droite et l'avant-cour, les écuries sur la gauche. En traversant les écuries, on entre dans un bosquet que l'on appelle *le cabriolet*. C'est un petit salon octogone flanqué de deux cabinets dont les quatre faces principales donnent sur quatre canaux. Les canaux ont à chaque bout une chute formant cataracte, qui font de loin l'effet d'une butte d'argent; des fleurs forment les bordures et des blocages et coquillages le revêtissement. Les pleins bois sont bordés d'osiers ou d'ormilles. Un des pleins bois étoit garni de plantes médicinales actuellement négligées. Il y a un rocher artificiel où l'on a eu dessein d'imiter la nature. Des rochers placés çà et là sont entremêlés de plantes aquatiques ou de rivage. Les peintures intérieures du sallon et des cabinets répondent à la gentillesse de celles de l'extérieur. Tout annonce ici la volupté en ce salon

Qu'amour exprès
Fit pour toucher quelque inhumaine.

Abaye de Saint-Taurin. — Manufacture de velours de cotton. — Abaye Saint-Sauveur. — Le lieutenant des chasses du Prince étoit autrefois apothicaire et fort intelligent dans la botanique. Son goût pour la chasse l'a fait changer de profession. La verdure est ici des plus belles aux mois de juillet et d'aout. C'est le repos de Cérès; mais les vendanges y doivent être fort humides et mal saines (17). En rentrant dans la ville on trouve sur la gauche *l'abaye de Saint-Taurin*, composée de huit bénédictins de Saint-Germain-des-Prés. Le portail est du dessin de *M. Hue, architecte* de l'hôtel de ville de Rouen, qui demeure à Saint-Denis en France. Il a été construit en 1718. Ce sont deux ordres l'un sur l'autre. Le portail est fait sur le moule ordinaire. L'intérieur de l'église est d'un gothique fort lourd. Le clocher et ses cordes sont au milieu du chœur. Le maitre autel est du tems et du goût du portail. Le cloître est ancien et joli gothique. Le dortoir est moderne, propre et modeste. *La manse abatiale* a été cédée par l'Evêque de Poitiers aux religieux, moyennant une pension de cinq cents livres. Les religieux l'ont cédée à M. *Riquet d'Anvers,* maître de la manufacture royale *de velours de cotton,* qui est aussi directeur *de celle de Vernon.* Nous avons visité cette manufacture dont notre jeune homme doit nous donner la description, tant des métiers que des moulins à tordre, etc. (18). Nous y avons acheté trois culottes de velours noir et nous en raportons des échantillons de velours chinés. L'après midi, nous sommes allés à *Saint-Sauveur, abaye royale des Bénédictines.* Le Tabernacle est une chose curieuse; les gradins sont d'ébene ou bois noirci, ainsi que le tabernacle, le tout recouvert d'argent ciselé, d'ornement de frise, de colonnes, de chérubins, etc. Je croirois ce morceau un présent de reine, peut-être de Catherine de Médicis; je ne puis croire que ce soit un ouvrage des Anglois. On ne travailloit point ainsi dans le XIIIe siècle. Ce tabernacle est dans le goût de celui des Grands Jésuites de Paris. C'est une la Rochefoucaud qui est abbesse. Les maisons des villes des Provinces que nous avons vues jusqu'à présent n'ont qu'un rez de chaussée et un premier étage avec le comble au dessus quelque fois percé de lucarnes sur quelques fenêtres, mais le plus souvent le comble n'a que quelques jours de passage pour les couvreurs. Le rez de chaussée est habité l'été et le premier étage l'hiver.

Samedi 7 août. — Saint-Aubin (8e *dinée*). — *Château de Saint-Aubin.* — Le samedi 7 août, départ d'Evreux par le chemin de la côte de Saint-Sauveur, pour aller dîner à Saint-Aubin et coucher à Elbeuf. C'est le premier jour désagréable pour le voyage. Une pluie froide, des chemins rompus par les ouvriers, des descentes fréquentes de chaise, peur de verser, nous ont fait ressentir l'hiver dans la canicule. Quand les terres sont bonnes, les chemins sont mauvais et réciproquement. Malheureusement pour nous et fort heureusement pour les propriétaires, les terres sont excellentes dans *la campagne de Neubourg*. On y loue vingt livres l'acre, et du côté d'Evreux il n'est loué que dix. Nos chevaux n'estimoient pas plus que nous cette terre forte et grasse où l'on ne rencontre pas une pierre. Les adroits normands bordent leur chemin de pommiers dans la plaine. Il faut une attention continuelle pour ne pas se laisser brider par les branches. Dans les plis de terre ils font passer le chemin dans la gorge qui, à la moindre pluie, devient une petite rivière. Antoine a été si souvent obligé de cartayer qu'il est bientôt passé maître.

Nos demandes fréquentes nous ont fait enfin arriver à *Saint-Aubin*, à onze heures et demie, dans la seule auberge qui y soit. Une soupe au lait, des œufs frais, une omelette et de mauvais cidre à discrétion, voilà notre diné, qui a donné la foire à notre jeune homme. Après notre diné nous avons visité *le château*, conduits par une grande fille de dix-neuf ans, dont la main est noire et le bras blanc. Le château appartient à *M. Pavyot*, troisième président de la chambre des comptes de Rouen. Ce château a de l'aparence : un pavillon d'avant corps, deux corps de logis et deux avant corps, le tout sur une ligne. L'avant cour au devant de laquelle est une chaussée et deux grandes marres, la cour du château flanquée de deux mazures ou pommeraies. Le potager sur la gauche. Traversons le château. Le parterre et quatre grands bosquets, autour du jardin ; deux pavillons, dont l'un est le logement de l'homme d'affaires et l'autre l'infirmerie ; un saut de loup termine le jardin. M. Pavyot a ouvert la clôture du parterre, le long du château à droite et à gauche, et y a placé des grilles ; aux deux côtés du parterre sont deux grandes pièces de prés. Une partie du château n'est point vitrée. Il y a trop de bâtimens ; à l'entrée de l'avant corps est le logement du chapelain. A droite et à gauche les écuries et bassecours. Cette terre raporte deux mille écus de rente et a coûté cent vingt-sept mille livres (19).

Elbeuf (8e *couchée et* 9e *et* 10e). — *Bec Thomas.* — Départ de Saint-Aubin à quatre heures après midi. Le maître de l'auberge est venu nous mettre dans notre chemin. Le soleil avait succédé à la pluye et ranimé notre nature engourdie. Après un bon trajet de plaine, nous avons enfin rencontré les côtes. Le voisinage de la rivière de Seine nous a découvert un paysage riant que nous avions perdu depuis longtems. *Un bon Normand* qui nous a vus nous engager dans un mauvais chemin a eu la complaisance de nous conduire sur celui de *Becthomas.* Ce château est sur une butte, entouré de côtes. Au bas de la plaine, en montant la côte, j'ai trouvé l'*Atropa Belladona* en fleurs et en fruits dans le meilleur état. Après bien des montées et des descentes, nous sommes arrivés à la descente de la côte de la Justice et nous avons vu la rivière de Seine, *le bourg d'Elbeuf* et sur la droite la plus riche plaine, de l'autre côté de l'eau le *village de Saint-Aubin,* sur le bord de la rivière, et des côtes crayonneuses. Nous sommes entrés par la porte de Neubourg, nous avons traversé le bourg plus peuplé, plus animé qu'aucune des villes que nous ayons vues depuis Versailles, et enfin nous sommes arrivés à notre auberge *Au bras d'or,* auprès de la rivière.

Dimanche 8 août. — Le lendemain dimanche, à cinq heures et demie du matin, j'ai vu partir le bateau de Rouen. Il part les dimanches, lundi, mercredi et vendredi ; on paie deux sous six deniers par personne. Le soir il vous ramène de Rouen et repart à trois heures, moyennant autres six blans. De Rouen, un autre bateau part les mardi, jeudi et samedi. Il y a ici quatre vingt maîtres manufacturiers. Une seule veuve, *Mme Pierre Grandin,* fait marcher cinquante métiers. Une ruche n'est pas plus en mouvement que les habitans du bourg. Un paresseux seroit mal ici. Aussi, *M. Robert, gentilhomme des environs d'Evreux,* et ses filles, ont-ils pris le parti d'aller s'établir à Evreux, où ils font leur toilette à la fenêtre tous les matins, et jouent toutes les après midi. Nous avons à Elbeuf deux paroisses, *Saint-Jean* et *Saint-Etienne,* et un *couvent d'Ursulines.* Il n'y a point de moines, ni de chanoines; ces messieurs n'y pouvoient pas dormir à leur aise. Les samedis au soir, on lâche un large et rapide ruisseau dans lequel on est obligé de balayer toutes les immondices de la semaine. De petites filles se tiennent au plus bas du ruisseau et tiennent un bâton pour arrêter les pailles dont elles font un tas de fumier; ce petit détail fait voir l'esprit d'économie active qui anime les habitans dès leur enfance (20).

L'église de Saint-Jean est du diocèse d'Evreux. Le maître autel est au chevet, le vitrail éclaire les sculptures en abat-jour, les vitres sont peintes en jaune et font un reflet qui a quelque aparence de loin, mais les sculptures sont pitoyables. L'église est haute et claire, bâtie en pierre de taille, sans goût. Quelques vitraux sont d'anciennes peintures. Le portail est fait depuis quelques années (21).

Vis à vis le port, de l'autre côté de l'eau, il y a plusieurs îles et trois villages, *Saint-Aubin, Freneuse* et *Cléon*. Le curé de Saint-Aubin travailloit l'année dernière, comme un ouvrier, à la tête de ses habitans, pour rendre une île abordable. Il se nomme M. Duvivier, âgé de soixante-cinq ans. C'est un des forts hommes du royaume. Les passagers sont obligés de passer ces trois villages, moyennant trois sols par an, par feu; il y a plusieurs siècles que cette convention est faite. Les passeux n'ont pas voulu alors recevoir un demi boisseau de sègle et ont prelevé trois sols; présentement, il vaut quarante-cinq sols : ce qui prouve que les redevances en nature sont les seules solides. M. le Prince d'Elbeuf a une maison au dessous du port, en belle situation. Le jardin est séparé de la maison par le chemin de Rouen, au dessous du jardin passe un ruisseau assez rapide, et par delà est un pré beaucoup plus évasé que le terrain du jardin, qui conduit à la rivière, jusqu'au village inclusivement. Il y avoit de quoi faire du beau dans ce terrain qui cependant est petit et borné du côté d'amont par plusieurs maisons et manufactures (22).

L'après midi, le passager nous a passés dans l'*Ile Comte,* qui appartient au Duc d'Elbeuf, ainsi que le *pré Basile,* qui est vis à vis, à côté du pont d'Elbeuf. Cette île a demi lieue de longueur. Le côté du nord est planté de différentes espèces d'oziers, de frênes, de sureaux; dans une partie on trouve d'ancien seps de vigne liés et unis à des frênes, ce qui fait le plus joli effet du monde, et représente les vignes des anciens romains célébrées par leurs poëtes. Nos peintres auroient ici d'excellentes études à faire pour des fonds de tableaux qui seroient nouveaux dans leur forme. Le bord du midi est soutenu par quelques osiers. Le milieu de l'île est en prairies et terres de labour. Il s'en faut bien que les habitans de Surene aient su boiser ainsi les bords de leurs îles; aussi les pointes diminuent-elles sensiblement tous les ans; ici, l'île reste dans son entier, et de plus ces bordages de saule et osier reçoivent les premiers brouillards qui leur sont favorables et en garantissent en partie les grains à qui ils sont contraires. Malgré cette précaution nous avons trouvé l'*ergot sur l'épi du chiendent* et le *tragopogon abortivum,* que mon étourdi a négligé de cueillir, après en avoir ouvert et jetté plusieurs fleurs. Il n'est pas étonnant que la nielle règne ici, car les brouillards sont presque continuels dans ce canton. De l'île Comte, la passagère nous a passé à son extrémité dans l'île des Noyers, vis à vis Orival. Nous y avons trouvé *M. Michel Grandin,* un des manufacturiers d'Elbeuf, dont la famille est renommée. Il nous a montré un homme qui nous a donné les noms françois de plusieurs oziers que nous avions cueillis en fructification dans l'île Comte. Nous croyons avoir aussi cueilli le *salix argentea* (23). Nous avons quitté cette île du côté de Saint-Aubin, jouxte Boulan, et nous sommes descendus du bateau au Port Saint-Giles. C'est à Saint-Aubin qui se tient l'assemblée les dimanches. L'église est fort longue, n'a point de bas côtés, a deux chapelles de croisée et est assez propre pour un village. *La Chapelle Saint-Giles* est a côté; elle étoit desservie par les Jésuites, et la ferme étoit la maison de campagne du recteur, qui y venoit dans le tems de la fête, à la fin du mois d'août. Le vicaire de Saint-Aubin doit y officier cette année. Cette ferme est dans la plus jolie vue du canton. On voit de la plaine et la coste du village de Caudebec. Les R. Pères avaient une partie de l'île voisine; ils avoient droit de chasse, étoient seigneurs et ne payoient aucunes dixmes. Du port Saint-Giles au port d'Elbeuf le trajet est assez long entre les quatre îles. Nous sommes rentrés à Elbeuf à sept heures et demie.

Lundi 9 août. — Le lundi 9 août, nous avons passé sous l'avant solier de la maison qui sert de passage pour aller à la prairie au dessus du port. C'est une vue charmante. La rivière, les îles, les côtes voisines, d'autres plus reculées, tout cela donne un coup d'œil *délicieux*. Quelques jardins de manufacturiers terminent agréablement la prairie du côté du bourg.

De là, *M. Aumont, notre aubergiste,* nous a menés chez *Madame la veuve Pierre Grandin;* nous avons vu tout le détail de la manufacture que notre jeune homme est chargé de décrire (24). M. Grandin fils est un jeune homme de bonne mine qui nous a fait conduire par un M[e] garçon et qui est venu lui-même nous trouver et nous expliquer en partie quelques détails. Il nous a fait présent d'un peigne de chardon, qui fera un des ornements de notre cabinet botanique. De là nous sommes entrés à Saint-Etienne, église joliment décorée. Les peintures des vitres, les décorations du maître autel, la voûte d'ogive du chœur et les deux chapelles des bas côtés font un bel effet. La couronne qui lie les deux retombés des voûtes au dessus du chapiteau est un ornement heureusement trouvé. C'est dommage que le portail soit si voisin de la côte; aussi n'a-t-on pas pris le soin de le décorer.

En revenant, nous nous sommes arrêtés devant celui de Saint-Jean. C'est *M. Galot, architecte de Rouen,* qui en a donné le dessin qui est sage : un soubassement et un seul ordre au dessous du fronton, un grand vitrail au dessus de la porte principale, deux moindres vitraux au dessus des petites portes, tout est placé sans confusion. Les bossages attendent encore la sculpture. On demande mille écus pour la faire. Un *M. François, sculpteur,* a placé une mauve agraffe contractée sur l'archivote de la porte principale. La sculpture de la porte de menuiserie est du même goût et du même maître.

Château du duc d'Elbeuf. — J'avais oublié de dire qu'en sortant de chez Mme veuve Pierre Grandin, nous étions montés *au château de M. le Duc d'Elbeuf.* Un particulier l'avoit fait bâtir; il est posé en bel vue; une large grille ferme la cour et borde le chemin de Rouen. Le jardin est de l'autre côté du chemin; il est fermé par un fossé qui laisse passer la vue. Le jardin est aujourd'hui, comme étoit du tems de Catherine de Médicis le jardin des Thuilleries, séparé du château par une rue.

On ne fait plus à Elbeuf du drap chiné. *Mlle Lefebvre* auroit désiré nous procurer cette vue, mais, information faite dans la manufacture de M. son père, le métier est démonté, partie à remettre, car la faible idée qu'on nous en a donnée par récit ne nous dédommage point du tout de la privation du coup d'œil.

Belvédère du marquis de la Londe. — La marée d'El-

beuf. — Au dessus d'*Orival* est le *Belvédère du marquis de la Londe*, à l'extrémité de la forêt de ce nom. La Seine forme trois presque iles de six lieues de cordon d'Elbeuf à Rouen; aussi ce pays est-il riche et abondant. On ressent à Elbeuf sensiblement la marée. Nous en avons vu l'effet au bout de l'île Comte, vis à vis d'Orival. Cette marée remonte jusqu'au Pont de l'arche. Il est vrai qu'elle est en miniature à Elbeuf, cependant l'on voit la rivière charrier à contre mont ce que l'on jette sur ses bords, cequi a beaucoup diverti Duchesne :

Et tu Jordanis quia conversus es retrorsum?

Croupes de la forêt de la Londe au-dessus dOrival. — Dans les plus fortes marées, la rivière remonte à quatre pieds, ledimanche 18 elle a remonté à deux pieds environ, commençant à quatre heures du soir. Il y a tous les jours trois quarts d'heure de différence. *La croupe de la Londe* fait un effet singulier, la forêt descend, regardant la rivière en forme de point d'hongrie qui fait comme une campane, telle qu'on en met aux faitages des châteaux couverts de plomb et d'ardoise. Au dessous de cette campagne sont quelques cultures, plus bas des crayons blancs et tout en bas le village d'Orival sur le bord de la Seine. Cette coline est relevée de distance en distance d'autres petites croupes dont la longueur tombe sur le village, et l'extrémité forme un égout comme celui d'un pavillon ; il est aisé de voir que ces différentes tumeurs sont remplies de pierre à bâtir. Aussi y en a-t-il et quelques maisons d'Elbeuf en sont bâties. C'est une pierre marneuse qui renferme *du biset* ou de la pierre à fusil. Si l'on aprofondissoit la carrière, la pierre se perfectionneroit sans doute et par la suite on pourroit quitter à Elbeuf l'ennuyeux et dangereux *colombage*. Il y a déja quelques maisons bâties en pierre jusqu'au premier étage. La plupart des maisons n'ont qu'un étage au dessus du rez de chaussée, on commence à en bâtir quelques unes à deux étages et les lucarnes au dessus. On couvre le colombage de latte ou d'ardoise avec toutes les précautions; les murs sont à jour et rafraichissent considérablement les chambres pendant l'hiver, mais en revanche les fenêtres sont clauses; on ne doit pas avoir peur de la fumée des cheminées, on ne manque pas de ventouses (25).

Le lundi au soir, *un coup* de maladroit, en m'asseyant, *m'a coupé* mon soulier *sur l'orteil*, de la largeur de deux pouces, mon bas de peau, mon bas de dessous et un demi pouce de longueur sur l'orteil. J'ai perdu en quelques minutes une demie palette de sang; *de l'agarie* posé dessus a arrêté dans l'instant l'hémoragie. M....., chirurgien du lieu, nous a rassurés sur l'état de la blessure et mis un apareil d'eau vulnéraire assez inutile.

Le lendemain 10, il a visité son apareil et m'a donné mon congé pour Rouen (26).

Mardi 10 août. — Rouen (11e, 12e, 13e, 14e couchées). — Roches d'Orival. — Falaises. — Saint-Maturin, village. — Nous sommes partis à huit heures et demie par un chaud fort honête qui n'a fait qu'augmenter jusqu'à notre arrivée à midi. *Les roches au dessus d'Orival* sont effrayantes. Les habitans ne craignent point cependant de bâtir des maisons au dessous, au risque d'être abîmés, si ces roches venoient à se détacher. Nous avons eu une longue traversée de forêt, mon fils y a trouvé *la Pyrole* à droite, un peu avant la fin de la montée. Le *genévrier* et le *petit houx* en fruit (27). Les sables sont brûlants entre deux côtes; quand on a cessé de monter, la poussière est considérable.

On trouve *Saint-Maturin, village*, et après avoir descendu, on aperçoit les clochers de *Rouen* à une lieue et demie. Au sortir de la forêt, on entre dans les landes jusqu'au faubourg de Saint-Sevère (28).

Faubourg Saint-Sevère. — Le pont de bateaux. — La première maison sur la gauche apartient à *Mme Planterose*, veuve d'un riche négociant. Le jardin a l'air d'un parc, la maison d'un château. Au bout du jardin est un moulin à vent pour faire monter l'eau et la faire saillir dans des bassins. On nous a offert à la porte de nous les faire voir, mais ma mauvaise jambe et le bon esprit de mon ami nous a fait passer outre pour aller reposer nos chevaux et commander notre dîner *rue Cauchoise*, A LA VACHE COURONNÉE, *notre auberge.* Pour y parvenir, nous avons passé le faubourg Saint-Sevère, le pont de bateaux (*a*), le quai, le port où l'on voit des vaisseaux marchands sans nombre, la bourse, le vieux palais, l'hôtel de ville, commencé et interrompu a huit pieds de rez de chaussée ou environ (29). M. du Roc, notre aubergiste, nous a donné la chambre du devant au second, et nous promet demain la première chambre. Un officier des ports occupoit un lit dans notre chambre, M. du Roc nous promet de le placer dans une autre. Après midi, M. Boudier est allé à la ville à ses affaires. Il a bien voulu se charger de mon fils, à qui j'ai donné commission d'aller voir M. Le Cat, *au Lieu de Santé*, à un quart de lieue de notre auberge, sur le chemin du pays de Caux. Nous avons continué de manger ici, comme à Elbeuf, des bondes de Neufchatel, un poulet de Caux très fin.

(*a*) Perfectionné par le célèbre frère Nicolas, Augustin (Voyez Belidor). Il a dix-neuf bateaux et s'ouvre vers le milieu d'une manière unique. Le pont tournant des Tuileries est du même Frère (30).

Mercredi 11 août. — La tour George d'Amboise. — Mercredi 11 août, au matin, promenade en chaise à porteurs par la ville. *Le portail de la Cathédrale,* considéré du parvis, a sur la gauche *la tour de beurre,* terminée par un clocher, du côté de la rue des quatre vents; à droite est *la tour de George d'Amboise,* terminée par *Le pain de sucre* et la *Tour creuse,* qui n'a de garde fous qu'en dehors. Mon fils a eu la témérité d'y monter. Si l'on tomboit en dedans, on feroit un saut de vingt-cinq pieds. Pendant ce tems, j'ai visité l'intérieur de l'église, qui est très haute; les piliers montent de fond et sont entretenus par plusieurs arceaux, les uns sur les autres. L'église a deux pas de plus large que N. D. de Paris; le chœur est fermé par des grilles de cuivre. Le maître autel a un suspensoir de bon goût. La Chapelle de la Vierge est derrière le chevet et n'est remarquable que par plusieurs tombeaux que je ne me suis pas donné le tems de considérer. Il y a quelques vitraux qui mériteroient d'être detaillés.

La Porte du Bac. — Romaine. — Le Vieux-Palais. — *La Porte du Bac* est d'une architecture mâle du tems d'Henri IV, à ce que je soupçonne. *Le Pont de Bateaux* est une belle invention, dont *M. Bellidor* nous rappellera le travail dans son architecture hydraulique. *Le Port* a quantité de vaisseaux; on y distingue les hollandois par la propreté. La *romaine* est simple et d'une grande utilité pour peser les marchandises. Le *Vieux palais* a son rempart qui est une belle vue au bout du port. C'est une promenade un peu négligée. On voit de là *le Grenier à sel,* qu'on démolit, parce que le bâtiment avait fléchi et s'étoit écarté en plusieurs endroits. *L'ancien hôtel de ville* avoit été commencé a rebâtir en pierre, sur l'ancien sol, on a changé de lieu et de plan. On a abatu plusieurs maisons bien commerçantes, on a commencé à bâtir un nouvel *hôtel de ville* en face du *vieux marché,* et on a discontinué de travailler depuis 1758.

Darnetal. — Le soir, promenade en cabriolet à Darnetal. C'est une ruche remplie d'ouvriers et d'ouvrières, des moulins à foulons ou taillandiers qui perfectionnent les forces à tondre le drap, des manufactures de draps, de siamoises, de couvertures, que sai-je, etc., etc. (30-31).

M. le Cat. — M. le Cat est un petit homme maigre, phleigmatique et sententieux. Il est venu voir l'ami de son ami : « *L'Agarie* ne guérit point. Mettez de l'eau vulnéraire sur votre plaie, mettez-y de l'eau pure : il faut humecter. »

Les Cauchoises. — Les cauchoises sont proprement mises et courtes vêtues : le corps et la cotte rouge; celles qui ont la jambe bien faite la chaussent encore de noire. Leur coiffure craint la chute en arrière; nos petites maitresses en tireroient parti, en faisant les avances.

Boulevart et Porte Saint-Hilaire. — Les rues sont ici fort étroites et les maisons aussi, nous avons cependant été près d'une demi heure à traverser la ville au trot des chevaux, *de la porte Saint-Hilaire* à *la vache d'or*. Dès quatre heures du matin, tout est en action dans la rue Cauchoise. Les passans, les chevaux, les chiens augmentent le bruit; il faut n'être guère laborieux et fort gourmand pour dormir à cinq heures du matin. Les chemins sont aussi étroits dans la Normandie que les rues à Rouen. C'est que le terrain est employé partout. Les ruisseaux sont rassemblés dans un seul lit bordé et entretenus pour faire agir mille machines. On fait ici des enfants comme on travaille; c'est le délassement de ces gens laborieux. La boutique d'une marchande de mode est réduite a huit pieds sur trois. Cette exiguité de terrain loge quatre chaises et quatre femmes; leurs galants causent avec elles au devant de la petite boutique, debout dans la rue, et encore n'est-ce qu'aux heures de récréations. Les tailleurs, garçons marchands et autre jeunesse d'artisans portent la bourse à leurs cheveux et sont vêtus proprement en drap de couleurs.

Maisons en colombage. — La plus grande partie des maisons est en colombage, les auvents sont au second étage, quelques-uns aussi au premier. Les seconds étages sont quelquefois en encorbellement pour regagner par cette saillie ce que les cheminées adossées font perdre de place dans les étages élevés.

La sculpture en plâtre décore les anciennes cheminées, telle qu'on en trouve dans Ducerceau. Les tapisseries d'Aubusson parent les murailles. Une aire de plâtre aprêté tient lieu de grands carreaux noirs et blancs, tels que nous en avons vus chez M. Deshayes, à Suresne. Cet aprêt dure lontems. Il est à Rouen quelques jeunes gens libertins, mais ce n'est pas le plus grand nombre; l'oisiveté n'y règne pas assez. Les femmes sont actives et n'ont pas le tems d'entendre les sornettes des désœuvrés. La plus grande partie des habitans commercent, on ne joue que chez les femmes de Robe.

Le premier bataillon de Normandie y est en garnison. Les portes de la Ville sont voûtées et profondes. Les fossés du rempart sont en fond de cuve et secs. La plupart sont cultivés. Les remparts sont étroits, remplis d'ornières et dangereux.

La ville entourée de Roches de trois côtés. — Les roches entourent la ville de trois côtés. *Le mont à malade* commande au *Lieu de santé. Le mont Saint-Michel* est vis à vis. La *Justice* est toujours ornée de petits pendus dessechés. On entend la diane à six heures et demie et la retraite à huit heures du soir. Les noms des rues sont écrits aux encoignures. Les grandes rues sont pavées de gros pavés au milieu, les bords des maisons sont de petit pavé, ainsi que les petites rues. Quelques façades de maison sont toutes des pierre de taille en pointe de diamant, sertissures et agrafes tudesques, telles qu'on en voit dans Wedreman. Depuis une trentaine d'années, on en a bâti quelques unes en hôtel comme à Paris, avec grande porte cochère; mais elles sont rares. Le luxe ne fait pas ici fortune dans le bâtiment. On ne connoit point de métoirie entre voisins. Chacun a son pan de bois adossé a celui de son voisin. Les cheminées sont adossées sur ces pans de bois, ce qu'on ne peut voir sans inquiétude; un incendie seroit cruel à Rouen; mais les feux sont si exigüs dans les petits ménages qu'il y arrive peu d'accidents de cette nature. Les plafonds sont de bois aparents, poutre et solives de sciage. On ne connoit guère les plafonds en plâtre et les bois recouverts. Ceux qui bâtissent le mieux font leur rez de chaussée en pierre de taille jusqu'au premier étage. Les toits sont très élevés et percés de lucarnes. Il y a quelques maisons à quatre et cinq étages. La plupart n'en ont que deux au dessous de la couverture et au dessus du rez de chaussée. On compte soixante mille âmes, trente deux paroisses, beaucoup de couvens d'hommes et de femmes, quelques chanoines.

Jeudi 12 août. — Abaye de Saint-Ouen. — Siamoises chinées. — Les porteurs sont arrivés à sept heures et demi du matin; je suis parti à huit heures et demie en chaise pour aller au *Lieu de santé* voir M. Le Cat. Il étoit sorti, j'ai salué *Madame et Melle*, fort aimables l'une et l'autre. J'ai appris depuis que Mme Le Cat a un cabinet d'histoire naturelle dont elle fait très bien les honneurs, et que nous n'avons pas vu, faute d'instruction. Nous les avons quittées pour aller voir filer des câbles de cent quarante-cinq brasses, qui pèsent quatre cent quatre-vingts livres. On en fait à cette corderie de toutes les grosseurs. Nous sommes revenus déjeuner à l'hotel et delà les porteurs nous ont conduits à *Saint-Ouen.* Le premier coup d'œil de l'entrée est imposant, on sent une grandeur, une majesté d'édifice qui ne permet pas d'abord de s'apercevoir d'un très grand défaut qui est que le chœur et la nef ne sont pas d'alignement. On ne sait ce qui a pu déterminer à cette irrégularité, car il n'est pas possible que ce soit une méprise. Il est si aisé de prolonger un point milieu qu'on ne peut présumer que plusieurs architectes se soient donné le mot pour faire de gaité de cœur une faute aussi grossière. On fait remarquer toute la voûte renversée, tant du chœur que de la nef, dans l'eau du bénitier, à droite en entrant. Quoiqu'il en soit, la nef est beaucoup plus large d'un côté que de l'autre, et les deux points milieux de la nef et du chœur se croisent. Un religieux, que je crois le supérieur, est venu nous accompagner, nous a fait voir le refectoire qui est de *1240*. La façade des nouveaux dortoirs est du dessin de *M. de France, architecte de Rouen,* qui a fait aussi *le nouveau portail de Sainte-Croix,* à côté de Saint-Ouen. Les colonnes doriques de côté du cloître sont accouplées et trop hautes, ce qui sort du caractère de cet ordre qui est mâle. Le fronton du côté du jardin est d'une forme ridicule. Les croisées sont retressies en dedans pour éviter le grand vent et le froid aux religieux. Chaque cellule a douze pieds sur vingt-quatre pieds, des entresoles au dessus de chacune. Je rentre dans l'Eglise. Le Jubé est un joli gothique. Les pendentifs sont effrayants pour la hardiesse. Le rond point et les deux portes latérales du chœur sont décorées de belles grilles peintes en noir. L'autel, le sanctuaire sont décorés à la moderne, de marbres de diférentes couleurs. Sortant de Saint-Ouen, après bien des enquêtes, nous avons apris en fin comment se fait *le chiné en siamoise* de soie et coton, et la diférence de ce travail au tafetas chiné. Je laisse l'une et l'autre description à faire à mon fils. C'est *Mme Jouar, rue du chaperon*, qui a été obligeamment notre maîtresse à tous les trois, et j'ai persuadé au mari qu'il le trouvoit bon (32).

Affinage du sucre. — L'affinage du sucre est encore un ouvrage pour M. Duchesne fils (34).

Jardin de Botanique. — Après diner avec *M. de Fréville*, capitaine des chasses, *M. du Quenet* et *M. Planquet*, sous-fermier, promenade à deux chevaux *au jardin de botanique* de l'Académie, fondée en 1758. La grille d'entrée est sur le bord de l'eau, à l'entrée du cours Dauphin. Il faut descendre quelques marches de gazon pour entrer dans l'école. Une terrasse règne autour des planches, la serre chaude est en face de la grille avec deux serres d'orangerie aux deux côtés. Ce sont deux pavillons quarrés qui portent ombre à la serre chaude le soir et le matin. Les planches bordées de buis sont de trois pieds et demi de large, les sentiers de deux pieds. Les plantes sont adossées, il y a beaucoup de plantes répétées. *Le Jardinier, M. Traitan*, étoit au potager de Versailles, il y a trente ans, *sous M. Le Normand*. Le *musa* est en fruit. On compte à ce jardin environ six a sept cents genres, et deux milles quelques cent plantes. Il n'y a que huit graminées. *Le Sorgho* est en graine. Nous en aportons pour M. Richard. De belles dames et un M. de l'académie nous ont enlevé *M. Traitan*.

Le Grand Cours. — Nous sommes allés, malgré l'orage, au grand cours jusqu'au bout. C'est une grande allée de quatre rangs d'ormes très bien élagués et très hauts. Nous y avons trouvé, malgré la pluie, sept à huit carosses. Il est de l'autre côté de l'eau. Entre le cours et la rivière règne une belle pelouse. Les isles donnent une vue tout a fait agréable. Retour à la maison a huit heures du soir. (M. Boudier étoit allé voir la sale des Consuls, qui est un beau morceau). *M. Pinard,* professeur, n'y étoit point. Il demeure *rue de la Chaîne*, près les Carmes. *M. d'Angerville* demeure hors la *porte cauchoise,* près Saint-André. Il est médecin et grand botaniste. On vante encore *M. Dufai,* botaniste, agé de quatre-vingts ans, qui demeure *à la Rouge marre.*

Jonquilles. — Les plus belles jonquilles, dit Piganiol, croissent doubles en Normandie. Les plus estimées sont celles des environs de Saint-Lô.

Vendredi 13 août. — Palais de Justice, salle des Procureurs. — A onze heures, les porteurs m'ont mené *au Palais de Justice; la salle des procureurs* est grande et obscure. *La Grand Chambre* a de la noblesse dans son ancienneté. En passant par l'hôtel de ville, j'ai visité *M. Durand, procureur du roi de la ville,* de la part de M. du Quenet; *il nous a promis à notre retour de faire ouvrir le pont de bateaux,* comme pour faire passer un bateau et le remonter à Paris. Tous les ans on construit de neuf un bateau pour le pont. Lundi prochain, on doit en placer un. C'est aussi le lundi jour du concert. Nous en avons vu la *Sale,* la *bourse* couverte et *les sales des Prieur et Consuls.* L'escalier est à deux rampes, la figure du Roi en pié est de pierre. Les portraits de nos Rois y sont en plate peinture dans les habillemens du tems, depuis Charles VII jusqu'à Louis XV inclusivement. Les portraits de François Ier et d'Henri II manquent. On voit dans la chapelle de la Vierge à N. D. le tombeau de Louis de Brezé. A ses côtés sont la Ste Vierge et Diane de Poitiers, sa veuve. L'avant sale du concert et des consuls est fort belle. Tous ces bâtiments sont de 1735 et de bon goût. Nous avons acheté le plan de Rouen et la description de cette ville, avec le petit almanac de Normandie.

Bateaux plats. — Deux compagnies de canoniers ont séjourné ici aujourd'hui. L'après midi nous avons pris un *bateau couvert* au dessus du pont pour aller visiter *les bateaux plats d'infanterie.* Quand ils sont lestés, ils sont à trois pieds hors de l'eau. Nous sommes montés de notre bateau par une petite échelle fort roide. Ce bateau plat n'a que deux canons ; il y en a d'autres qui en ont jusqu'à huit. Ils contiennent trois cent soixante soldats et deux à trois mille maringoins qui nous ont piqués à l'envi. Au dessous du pont, nous avons vu le plancher sur lequel ils couchent et le banc sur lequel ils se reposent. Les dessous de leur plancher est un espèce de cofre où ils mettent leurs vivres et bagages. Il ne faut que douze hommes d'équipage. Il y a un pont de trente-six pieds de haut, qui se place au bec du bateau et sort en dehors pour l'abordage; il est attaché à un palan. Ils ont leurs mâts seulement, sans agrès. Le milieu entre les deux paillasses sert de table. La chambre du capitaine est petite et assez commode. Il nous auroit fallu trop de chemin pour voir *les bateaux de cavalerie.* Il n'y a de diférence qu'à l'avant bec qui s'ouvre pour faire passer les chevaux a fond de calle. Notre passager nous a menés à l'extrémité du cours où nous avons vu les Belles, les officiers et quelques élégants, — nous en avons augmenté le nombre, — tant à pied qu'en cabriolet. Les arbres ne sont qu'à neuf pieds d'intervalle: indépendament de l'allée des carosses, il y a du côté de la rivière une allée découverte qu'on apelle la promenade.

Saint-Maclou. — Fontaines publiques. — L'Eguille

du clocher Saint-Maclou est démontée de quinze ou vingt pieds, parce qu'elle penchoit beaucoup et menaçoit ruine. On le voit du jardin botanique, N. D., Saint-Ouen, etc.

Au reste, il est très dificile de marcher dans les rues de Rouen. Le pavé est gras, rond et glissant, les ruisseaux creux et les revers roides. Rouen est presque toute l'année dans les brouillards. Les fontaines y sont fréquentes et vont jour et nuit à deux et trois jets.

Statue de la Pucelle d'Orléans. — C'est dans le *Marché aux Veaux* qu'a été executée Janne d'Arch. Sa figure a été relevée et reconstruite depuis quelques années, elle est placée au dessus d'une fontaine. Une femme de ce marché m'a fait ses tendres plaintes de ce qu'on avait reconstruit si grossièrement la grosse masse qui supporte la nouvelle Pucelle. « Autrefois, monsieur, me disoit-elle, c'etoient de petites colonnes mignonnes qui la supportoient. Fi donc, c'est du grossier. »

14 août. — Le samedi 14 août, visite à pié chez *M. Pinard, rue de la Chaîne*, il étoit au *Lieu de santé* depuis six heures et demie.

Les Carmes ont quelques plantes de botanique. — Le voisinage m'a fait entrer *aux Carmes*. Le cloître est un jardin de botanique négligé où il y a encore quelques plantes, reste de 1800. *Le P. André, distillateur,* a échangé avec moi une bouteille d'eau des Carmes de Rouen contre une de Paris, et m'a vendu vingt-quatre sols une bouteille d'eau rouge. Je lui en ai promis la recette de Suresne. Il prétend qu'il entre dans la sienne cinquante plantes.

Le Carouge (15e couchée). — *Mazure de M. de Fréville.* — Nous sommes partis de Rouen à dix heures et ne sommes arrivés chez M. de Fréville qu'à quatre heures. Il habite une mazure en forme ; deux barrières sont l'une au nord, l'autre au couchant. Un corps de logis de colombage est couvert de tuiles à l'exposition du midi et de paille sur les trois autres côtés. Vis à vis est l'écurie et la grange, sur la gauche est un autre corps de logis aussi isolé. Le fourni est en face de celui-ci. Derrière l'écurie, il s'est pratiqué au midi un espalier de poire, de pêche, de prune. Derrière le corps de logis, à droite, sont deux jardins, celui du fermier et le sien. Sa mazure contient huit acres ou douze arpens de plantés. *Toute la mazure* est boisée de pommiers plantés çà et là et de quelques poiriers, elle est bordée de chênes, de frênes, et à l'extérieur d'une haie vive. Le corps de logis du maître et du fermier représente les mœurs de deux cents ans, très peu déguisées par quelques dépenses, mal placées et imperceptibles, si on ne prenoit soin d'en avertir. J'ai eu un singulier plaisir a considérer cette gentilhommière qu'on nomme *le Carouge.* Nous avons fait, après dîner, par la pluie, le tour du bois de M. de Fréville, voisin des bois du Roi. Nous avons couché dans ce corps de logis dans une chambre par bas fort humide, Duchesne et moi dans le même lit, qui a fondu rapidement sous nous; nous l'avons étayé.

15 août (dînée à Caudebec). — Royaume d'Yvetot. — Le lendemain, 15 août, départ à sept heures précises pour *Caudebec,* où nous sommes arrivés par *les falaises de la Seine* où est la plus belle vue du monde. La rivière commence à jouer le rôle d'une petite mer. Plusieurs navires à voiles vont à Rouen ou en reviennent. La Seine change de lit. *Les alluvions* se font d'un côté aux dépens de l'autre qui s'innonde et se couvre d'eau. Les alluvions appartiennent au Seigneur. Il y a quelques fois des villages innondés et perdus. Nous sommes descendus à la *place des Victoires,* chez *M*[me] *Le Moine.* On nous a donné la chambre dorée, où M. de Villemen auroit été charmé d'être. Elle donne sur le port de Caudebec, hors la ville. On voit continuellement les voituriers par eau de toutes les nations qui portent des marchandises de la mer à Rouen. La rivière a près d'une lieue de large ; on ne jugerait à la vue qu'un quart de lieue. C'étoit dommage que des arbres à droite et à gauche nous dérobassent la vue. Nons avons entendu la Grand-Messe et quelques *Heures* précédentes avec notre dévot camarade. Nous avons vu des cauchoises en habit des dimanches et des bourgeoises de Caudebec. La ville n'a plus de commerce ; à peine y trouve-t-on un chapelier, encore est-il ruiné. Mais les voitures, tant par eau que par terre, venant du Hâvre ou y allant, rafraîchissent à Caudebec. Nous ne sommes ici qu'à deux lieues du *Royaume d'Yvetot*. Le Roi est M. (d'Albon) qui demeure à Lyon. Un plaisant demandoit : le Roi est-il gentilhomme ? Il conserve encore plusieurs privilèges. On ne paye point de taille dans cette terre, mais la capitation, ce qui y a occasionné plusieurs établissemens, en sorte que la terre, qui ne rapportoit que deux mille écus, raporte aujourd'hui douze mille livres. (Mme le François nous a dit, en 1763, qu'on y paye à présent tous les droits et impôts).

Nous avons vu Caudebec par les yeux de la foi, devant le mieux voir au retour.

15 août. — (16e couchée aux Forges). — Lilebonne. — Nous en sommes partis pour aller coucher aux Forges, montant par la côte de la Justice, où nous avons vu un pendu de trois semaines. Nous sommes descendus par la côte de la Fresnaie impratiquable et impratiquée, au lieu de passer par le long détour que nous ignorions (35). Au bas de cette côte est le village de *Lillebonne*. Le château est à M. le duc d'Harcourt.

Son receveur est M. de la Motte, de Dieppe, qui y réside. De là nous avons remonté par la côte de Lillebonne, plus douce, mais très longue.

Les Forges. — Au haut de cette côte est l'écart des Forges, dans la forêt, où nous avons couché.

16 août. — Départ des Forges. — Côte d'Harfleur. — Belle vue de la Seine et de la mer. — Le 16 août, départ des Forges à six heures précises du matin. Sur la gauche du chemin est un château d'assez belle apparence à *M. Séville de Rome;* à Montmenil, sur la droite, une jolie mazure toute neuve à M. de Bompar. Rien n'égale notre joie lorsque nous avons aperçu au dessus d'Harfleur la rivière de Seine, large de trois lieues et une échapée de mer à perte de vue. Nous sommes descendus de chaises et nous avons monté par les berges escarpées au dessus desquelles, sur une pointe de terre, nous avons vu la terre promise ; une alluvion considérable au dessous d'Harfleur, plusieurs petits bâtimens sur la mer, des courans, des bancs de sable, que de nouveautés pour des Versailliens, qui n'ont jamais vu la mer que sur le Théâtre de l'Opéra. Servandoni ne fait rien de pareil. La cime de la falaise où nous étions nous faisoit voir au dessous de nous, presque à pic, des brebis comme de petites pierres et des vaches noires comme des dindons (36).

Arrivée au Havre. — Enfin le Havre a paru (37). Nous y avons fait humblement notre entrée. Catoganville avait perdu un de ses quatre souliers, un autre sonnoit la savate. On est venu au devant de nous par honneur nous demander notre nom qu'on savoit déjà, et on nous a accompagnés jusqu'a *l'Aigle Doré* chez *Mad. Faguet.* Voilà la première ville fortifiée que nous avons rencontrée dans notre tournée. Elle est du chevalier de Ville. C'est une des clés de la France. Avant dîner nous avons parcouru le bord du grand quai où l'on radoube les vaisseaux pendant que la marée le permet et que le large fossé est à sec, depuis la jettée jusqu'au bassin, excepté un petit courant. A quatre heures après midi nous sommes retournés voir ce même fossé Il étoit rempli d'eau à treize à quatorze pieds dans le milieu, le vent étoit assez fort quoiqu'il fît soleil. Rien de si beau que la vue de la marée considérée d'abord du haut de la *Tour de la Chaîne.* On l'appelle ainsi parce qu'on y attache la chaîne qui cache le port en cas de surprise. Duchesne y a trouvé de la *percepterre,* sur le rempant formant chaperon. Il faut être né botaniste pour songer aux plantes à cette première vue de la mer. Les vagues du flux étoient d'argent et se frapoient avec harmonie sur le galet retentissant. La plus belle gerbe d'artifice, le bouquet de la naissance de M. le Duc de Bourgogne, célèbre par l'embrasement de la grande écurie qui la suivit, n'étoit qu'une foible imitation du bruit majestueux que fait la mer un peu agitée. Qu'auroit-ce donc été si nous eussions vu et entendu la haute marée de l'équinoxe? A sept heures du soir, nous avons vu arriver un vaisseau portant à la hune du grand mât le pavillon d'Angleterre et le pavillon de France à la proue. Il ramenoit seize prisonniers échangés contre ceux que nous avions faits à la prise de l'Ile de Saint Jean; c'étoit un spectacle touchant de voir les mères, les sœurs, les femmes de ces matelots les embrasser les larmes aux yeux.

Le 17 août. — A six heures du matin j'ai vu la même marée. Le tems étoit calme, le flot moins considérable, mais le soleil derrière nous éclairoit l'horizon d'une manière bien plus satisfaisante. On ne voit qu'un horizon de neuf lieues. Le M^e^ pilote m'a prêté un moment sa lunette. J'ai vu plusieurs vaisseaux anglois et autres à cinq lieues. On distingue les mâs, les voiles, les pavillons, etc. J'étois en pantoufles et en bonnet de nuit, ce qui m'a empêché d'y demeurer plus lontems; mon fils dormoit, je suis venu le réveiller, et je n'ai pu m'empêcher de secouer notre camarade qui avait dessein de se reposer encore une heure. Je me suis chaussé et coëffé pendant que mon fils s'habilloit en diligence, et nous sommes regrimpés tous deux à la tour de la jettée du sud Ouest; de là on voit la jettée du sud Est et la grève qui est entre deux; les côtes d'Honfleur sont sur la gauche, la mer en face, à perte de vue, se joint au ciel. L'horison de la mer forme une ligne d'un bleu foncé; sur la droite est la falaise qu'on nomme la Hève; il y a au sommet un corps de garde, une batterie et un signal. Comme cette falaise est beaucoup plus avancée dans la mer que la jettée, il m'a pris envie de voir la mer au delà. J'ai proposé de faire la course, qui est de cinq quarts de lieues, ce qui a été accepté. Nous avons été le long du Perret voir le galet et nous avons pris le chemin de la Hève par Sainte-Adresse, dont le vrai nom est Saint-Denis-chef-de-Faut ou chef-de-Caux; un joli cabaret couvert de saule nous a donné envie d'y déjeuner au retour. Enfin nous sommes arrivés à la Hêve, d'où nous avons aperçu, sur une autre falaise, à une bonne lieue sur la droite, appelée *le corps de garde de Saint-Aignan*. A la Hêve, la vue est admirable; on y voit la moitié de l'horison de mer. Le tems étoit calme et la mer n'avoit d'autre mouvement que la marée qui se retiroit. En descendant, nous avons visité, sur le bord de la petite rade, les filets de diférents pêcheurs. Nous avons cherché du galet, de l'algue, des coques, des vignots, des vignots de chien. Les petites rocailles que nous avons raportées sont, suivant M. de Jussieu, la névite ou pois jaune, la petite pourpre, le vignot, le lépas ou bendu, et la guiguette. Notre plaisir étoit de marcher sur le sable fin qui reçoit l'impression du pié, le trou que fait une canne en l'enfonçant de quatre à six pouces et qui fait disparoitre le tout dans le moment. Les lépas (en françois : *patelle* ou *œil de bouq*, en Provence : *arapide*, en Normandie : *berdin* ou *berlin*, en Poitou et Aunis : *jambe*, ailleurs : *bernicle*), sont fortement attachés à la roche. Si vous manquez le premier coup de couteau pour les détacher par la pointe, vous y revenez très difficilement. Les poids jaunes sont abondans ; on les trouve sur les varecks ou vrecs, comme ils prononcent. Tous ces coquillages ou rocailles sont remplis de leurs poissons et font la nourriture des pauvres gens. La mer est en agitation continuelle, soit au flux, soit au reflux. Nous sommes retournés à notre rendez-vous de Sainte-Adresse où l'on battoit le fusil pour faire cuire des étrilles toutes vivantes qui venoient d'être pêchées. Nous les avons mangées avec un plaisir infini et nous ne sommes retournés à *L'aigle d'or* qu'à deux heures et demie où nos gens nous attendoient à déjeuner à neuf heures et demie ; mais on ne répond pas d'être exact quand on est curieux, et nous l'étions tous les trois, comme Duchesne (38).

Nous avons appris en arrivant que M. de Carryon nous avoit cherchés comme une éguille depuis huit heures jusqu'à trois heures et demie, qu'il est encore revenu et nous a trouvés à table. Il nous a menés voir *l'hôtel de Ville*, bâti depuis peu sur le dessin de M. Carpentier, et la citadelle régulière de M. de Vauban. La salle d'armes est curieuse par la propreté qui y règne. Elle contient dix mille fusils, carabines, mousquetons, haches d'armes, crochets à fascine, biscaïens, etc., etc., etc., des moules à balles. Il y a des serres pour les affûts, des magasins à bales, à boulets, à bombes, à grenades, à poudre, etc., etc., etc. De là nous avons été rendre visite au curé et à Mme Carryon. Ils ont pour neuf cents livres une jolie maison dans la rue *Françoise*. M. le curé a trois églises : Saint-Michel-d'Angouville, qui est le chef lieu, N. D.-du-Hâvre, qui est la principale église de la nouvelle ville, et Saint-François, qui est la paroisse d'un nouveau quartier. Le curé officie les trois fêtes de Paques alternativement aux trois églises. Il a un vicaire dans chacune. M. de Carryon a une petite collection de coquillages et d'histoire naturelle. Il n'est sorte de politesse que nous n'ayons reçue de toute cette famille. Son second fils, agé de douze ans et demi, va demeurer à Versailles où il est reçu page de Mde la comtesse de Toulouse. Le père doit l'y mener. Il a été très mortifié de ce que nous n'avons pu dîner chez lui.

Nous avons vu deux navires hollandois entrer dans le port, après avoir été visités par les cinq frégates angloises qui font barrière à cinq lieues du Hâvre.

18 août, mercredi. — Le 18 août, à mon réveil, à six heures, j'ai réveillé Duchesne et lutiné Boudier. J'ai appris d'un matelot que la mer écumoit et que le passager d'Honfleur n'osoit se hazarder à passer. Je me suis réjoui de ce qui l'afligeoit et tous trois nous nous sommes issés à la *Tour de la Chaîne :* spectacle nouveau. La mer étoit jaune à la petite rade, verte à la grande, les côtes violettes, le ciel rouge, les moutons d'argent. Les gazes de l'opéra ne sont que des chifons en comparaison de ce que nous voyions. Nous n'en serions point sortis si nous n'avions voulu voir l'effet de la jettée. L'officier de garde nous a fait voir jusqu'où la mer s'élève dans les gros tems, ce qui étoit fort diférent. Le bassin, le port, l'anse, la grève, sont des parties à décrire. La paroisse N. D., ainsi que la ville, ont été bâties du tems de François I et d'Henri II. Le portail N. D. est du stile de Philibert de l'Orme. La tour est plus ancienne et lourde. La brique blanche et la pierre à fusil sont de nouvelles décorations extérieures. Le colombage règne ici comme dans tout le pays de Caux. Les rues sont belles et tirées au cordeau. Les petites sont pavées de cailloutage très incommode aux pieds blessés. La ville est fortifiée régulièrement, mais commandée par la butte d'Angouville. A la citadelle, il y a la porte de secours toujours fermée, hors les occasions extraordinaires. Les fossés sont remplis d'eau. Il y a des prairies qui peuvent être inondées quand on le veut (39). La garnison est composée du Régiment Royal Lorrain, de L'île de France, et d'un détachement d'artillerie. Il y a un commandant du bassin. Il n'y a plus de classes de marine. Le commandant du Havre est M. de Beauvoir. Sa maison tient à la *Tour de la Chaîne,* d'un coté, et de l'autre, à la Corderie. Elle est bâtie depuis quelques années et d'assez bon gout.

En entrant par la jettée du Nord ouest les navires entrent dans le port où ils restent à sec neuf à dix heures dans les vingt-quatre. Ceux qui ne veulent point courir ce risque entrent dans le bassin en payant. On tourne un pont de bois, on ouvre l'écluse. C'est là qu'a été reçu le navire des prisonniers d'échange. La grève donne un coup d'œil admirable. Les flots y sont rompus de proche en proche et font des écumes blanches et un fracas singulier. C'est au bas de cette grève que les matelots vont pêcher le leste dans de petites barques quand le tems le permet. Il y a dans la ville la rue de Seignelai, qui y éternise un nom toujours cher à la marine. J'ai cru voir, au dessus de la porte de l'arsenal et à l'extrémité du bassin, le buste en relief de M. de Louvois. Les armes de Richelieu sont à la porte d'Angouville, bâtie sous Louis XIII. On pose actuellement les menuiseries de l'Hôtel de Ville. La Romaine ou l'Hôtel des fermes est à l'encoignure auprès du pont tournant.

Départ du Havre et couchée aux Forges. — Enfin, nous avons quitté la ville de François Ier après quarante-huit heures de séjour, à onze heures et demie du matin, et nous avons raté la jolie hôtesse de la Botte, Me Lemercier, pour boire de mauvais cidre et manger une bonne bonde de Neufchatel, et nous sommes venus coucher aux Forges, chez *Mme Durand*, honnête femme, propre et polie.

19 août. — Départ des Forges et couchée à Caudebec. — Le lendemain, départ des Forges et arrivée à Caudebec, à dix heures et demie. *M. Joray*, frère de *Mlle Le Monier*, nous a invité à diner, et M. Boudier nous a présentés. Après un grand et long dîner offert de bon cœur et accepté de même, nous avons visité l'Église. C'est un gotique bâti par les Anglois. Le clocher est joliment découpé. L'orgue, délicatement soutenu, en pierre de même goût que l'église et du même tems, ce qui est fort rare. Il y a une infinité de petites sculptures, bas reliefs, campanes gotiques en filigrane qui mériteroient d'être dessinées et tiendraient leur place dans un recueil d'architecture gotique, chose qui nous manque en France et dont le souvenir se perdra à jamais, parce qu'on en détruit tous les jours sans en prendre le crayon. A propos de gotique j'ai apris que la jolie église de Royaumont avait été brûlée il y a quatre ou cinq ans, et je dirai en passant que l'église de Harfleur est aussi un monument des Anglois, et que la chapelle de la Vierge est encore sans vitraux et sans couverture, comme ils l'on laissée et n'est cependant point encore détruite.

De là, *M. Darach*, chirurgien, a qui j'ai promis la recette de l'eau rouge, m'a fait passer à travers sa maison, vis à vis le portail et conduit dans son jardin, situé au midi, le long d'une falaise à pic qui y reflette un chaud précieux pour la maturité des fruits. Aussi les *bons chrétiens* et les *muscats* y sont admirables; mais rien n'égale la situation des jardins des Capucins. Une terrasse, fort haute et fort longue, le long de la même falaise, y présente une vue de toute beauté. La rivière a un quart de lieue de large vis à vis le port, et de grands ormes, plantés à droite et à gauche du port et du quai, forment la promenade où la ville se rassemble le soir. M. Besnard a son jardin sur une tour de la ville. C'est le beau frère de M. André, chirurgien de Versailles. En sortant des Capucins, nous avons été sur le port voir débarder un bateau de bois pour M. Lucas, marchand de drap. Il a pris envie à M. Boudier d'en porter avec moi. Nous avons chargé le bar et en avons porté trois bardées. Mme Lucas et Mlles ses filles nous ont proposé des biscuits du Hâvre et du vin. Nous avons préféré le cidre, mais a condition que ces demoiselles porteroient chacune une bardée avec nous, ce qu'elles ont accepté. Nous avons fait les petits Villemerts : Nous avons embrassé là maman qui est fort apétissante et les demoiselles, l'une blonde et l'autre brune. M. Boudier m'a laissé Mlle Madelon, la brune et la plus jeune. Après le goûter nous nous sommes promenés avec nos élégantes, et Duchesne avec la troisième sœur, qui sort du couvent. La reconduite faite, nous avons soupé avec une excellente anguille et un harrant, et Mme Lemoine nous a menés entendre la nuit le bruit de la barre avec M. Darach. Nous attendons l'huissier pour partir et nous ne pouvons lui savoir mauvais gré du retard, puisque nous nous sommes amusés.

20 août. — Départ de Caudebec pour Jumiège (21, 22, 23 et 24e couchées). — Duchesne a passé au fer presque chaud ses plantes marines. Le chemin de Caudebec à Jumiège est très gâté par les pluies. Des ornières, des falaises à monter, des précipices quelquefois : tout cela n'est point agréable. Cependant, nous sommes arrivés à l'abaye sans danger. Les R. P. Prieur et Cellerier nous ont reçus; le premier a assisté à notre dîner et tous les deux aux souper et dîner suivants.

Le rond point de l'Eglise est très délicat et le chevet du maître autel laisse apercevoir les derniers vitraux entre les espacements des colonnes qui sont hautes, rondes et dégagées. La place de M. l'Abé est à droite des stales du côté de l'épitre pour le matin et à l'entrée du chœur pour l'après midi. Sa stale a deux côtés grillés et un couronnement; la place du prieur est de l'autre côté, sans couronnement autre que celui de toutes les stales. Dans la chapelle de la Vierge, à gauche, est au milieu une tombe de marbre noir élevée, au bord de laquelle on voit le nom d'Agnès Sorel, dame de Beauté (34), et au fond, en face de l'autel, le tombeau du Sauveur en rond de bosse. La tour des cloches est à l'entrée du chœur et au milieu de l'Église. Il y avoit autrefois au dessus de la plate forme, une très belle éguille ornée de filigranes gotiques en plomb. Elle est absolument démontée, ce qui rend la tour lourde. Deux petites éguilles ornent les deux côtés du portail. On remarque la sale de Charles VII qui est immense en largeur, longueur et hauteur. La vis de l'escalier est ridicule. Le noyau est carré avec une petite colonne à chaque angle. Cinq pas de vis tournent sur chaque colonne et la sixième marche est droite. Il faut être habitué à cette montée pour ne pas se rompre le cou. Le nouveau dortoir est un bel ouvrage en pierre de taille d'une cinquantaine d'années. La décoration extérieure est assez régulière. Les arcades du rez de chaussée ont de la noblesse. Les croisées du premier seroient trop étroites et trop basses si elles n'étoient faites pour des cellules de religieux. Les salles basses sont magnifiques, fastueuses et inutiles, si non pour la promenade des religieux en hiver. Point d'escalier, une décoration du côté des cours ridicule. L'encoignure intérieure est terminée par une demi arcade et au dessus par une demi croisée. Il y a dans la totalité trois fois plus de vieux bâtimens qu'il n'en faut, ce qui ruine cette communauté, en faisant très mal les réparations. Les *Enervés* sont une historiette des plus apocrifes; on ne sait même si les *neuf cents religieux* et les *quinze cents frères convers* peuvent se demontrer davantage. La bibliothèque est un beau vaisseau. Don Fontaine, Père Prieur, en fait ses délices et y a dépensé, depuis neuf ans, plus de dix mille livres. Le missel anglois de 1056 manuscrit est curieux, non pour les lettres en or mal apliquées et les figures ridicules qui le décorent, mais pour les variétés de leçons qui se trouvent dans ce qu'on apelle liturgies. L'allée qui mène au bosquet est plantée de tilleuls et le milieu est un gason, avec deux ratissées aux deux bords. Ce qu'on appelle le mont Tabor est une petite éminence qui forme une salle ronde plantée pour *Dom Sénéchal*, Cellerier, qui en fait son bijou. L'inclination du procureur *Dom Mallet*, ce sont les sistèmes et la procédure, les antiquités et une mémoire prodigieuse des droits de la communauté. L'abbatiale a été batie par *M. l'évêque de Metz, de Saint-Simon*, qui a aquis plusieurs possessions et mazures particulières pour simétriser les parties de jardins et de potagers. Le grand défaut de ce palais est que le terrain tombe sur le bâtiment et qu'on n'a pas su, par une contre pente, le long de la façade, se sauver des eaux qui feront périr cette maison, si on n'y remédie. Le cimetière est d'une amplitude inexprimable. Le curé est aussi grand que le cimetière. C'est un colosse, mais sa cure est modique pour les émolumens et vaste pour l'étendue (40).

La *barre* de la nouvelle lune est quelque chose qu'il faut voir pour en avoir une idée. Ce qu'on appelle la *Barre* sur la Seine se nomme le *Mascaret* sur la Dordogne et sur la Garonne et le *Mâcret* sur le Gange. M. de Belile-Papin, capitaine de vaisseau du Roi, l'a vu sur le Gange. Les naturalistes ont de la peine à expliquer ce moment du reflux qui est particulier à ces rivières et qui les fait remonter si violemment vers leur source. (*Dictionnaire de Trévoux.*) Au Hâvre de Grâce on appelle le *Verhole* un renvoi d'eau qui se fait vers l'embouchure de la Seine, lorsque la mer est à moitié ou aux deux tiers du montant (*Encyclopédie*, 1765, au mot *Verhole.*) Les terres de Jumiège sont entamées le long des bords et forment de petites îlotes qui ont fait nommer le pré voisin le *Prés des Isles*. L'eau de la barre trouve là diférentes résistances qui la mettent en fureur et qui font monter l'eau à vingt-cinq et trente pieds. Quand on crie : « *flot, flot!* » il faut se retirer très promptement, hommes et bêtes, sans quoi la barre emporte tout. Il n'y a point cependant de risque dans le milieu de la rivierre, et le 23 mars nous avons passé l'eau du bas du Landin au territoire de Jumiège dans l'instant de la *barre;* il n'est question que de ne pas se trouver sur le bord. Le Landin est un castel sur l'éminence d'une falaise apartenant à l'abé de Boismont, de l'Académie françoise. De là on voit les plaines qui bordent la Seine en serpentant et les cours ou mazures de diférens particuliers.

Les mazures du pays de Caux. — Les paroisses du pays

de Caux ne tiennent en rien de nos villages. Nos vilains murs de clôture sont tristes et nous ruinent en réparations. Les clôtures des mazures sont vertes et d'un bon raport. Quand on entre dans une paroisse on croirait entrer dans une forêt. Les sinuosités de la Seine, les diférens bâtimens armés de leurs voiles, les barques et les navires animent cette étendue d'eau. M. du Quesnet, sa femme, ses sœurs et son père, étoient rentrés dans l'abatiale et nous ont très bien reçus à dîner, le 22, et à souper, le 23, et nous ont dédommagés de l'abstinance de chair que nous ont fait faire les religieux, quoiqu'en très bon poisson et très frais. *M. du Quesnet* a un joli cabinet de livres. La forêt de M. l'abé est tout en chênes, hors quelques hêtres. Ces arbres sont dans un mauvais terrain et de petite venue. La réserve est dans un meilleur. Nous avons fait deux lieues à en parcourir une partie. La plaine est maigre autour de Jumiège, aussi trouve-t-on des étendues immenses de blé sarrazin. Au dessus des fours à chaux est une position, la plus avantageuse pour y établir un château. Deux canaux en longueur et un en largeur et diférents points de vue sur la plaine formeroient une retraite délicieuse, à un quart de lieue de l'abaye; mais la vue la plus étendue seroit au *moulin des Côtes*. Nous n'avons pas vu *La Meilleraie*, qui appartient à Mme de Chaulnes, et qui mérite la curiosité des voyageurs. Elle est à une lieue et plus du Landin. Toute cette distance est bordée par la forêt de Brotonne qui appartient au Roi (42). Malgré tous les agrémens du séjour de Jumiège il nous a fallu partir, le mardi 24, pour la baronie de Duclair.

Duclair, dînée le 24. — C'étoit jour du marché, la place étoit vivante et peuplée. Nous avons siégé à l'audience, à la place des conseillers assesseurs, et nous avons entendu des Normands plaider leur cause eux-mêmes. M. de la Mare, bailli, a donné sa sentence sur les conclusions de M. Jauver, procureur fiscal, qui nous avait si bien reçus à Caudebec, où il est avocat du Roi. Nous avons ensuite diné à l'auberge du baillage, chez un des hupés, *A l'Ecu* de France. M. de Fréville, nouveau conservateur des chasses, qui venoit d'être installé, nous a payé sa bienvenue en gibier de sa chasse. M. du Vrai et M. Planquet, fermier du prince, et M. de la Saune, avocat, ont diné avec nous. Après diné nous avons rendu visite aux beautés de la place. Mlle Boutillé mérite la pomme; Mlles Amelin et Hupé, quoiqu'en sous ordres ne sont point indiférentes. Puis nous sommes partis pour Rouen où nous ne sommes arrivés qu'à neuf heures du soir fort fatigués d'avoir mis souvent pié à terre et surtout de la descente des côtes du *Groschêne* et du *Mont à malades.*

Le 24, couchée à Rouen. — M. Pinard, professeur de botanique. — Le 25 matin, nous avons reçu la visite de M. Pinard, médecin, aussi communicatif que M. Le Cat est froid, silentieux et prétieux. Il a nommé obligeamment plusieurs plantes à Duchesne et nous a conduits au Jardin des plantes. Il nous a demandé avec instance des graines de graminées et promis d'envoyer à M. Richard la semence du *Chaironthus fenestralis* (?). Il ne pourra point venir au printemps de l'année prochaine à Trianon, malgré son envie. Il demande à M. Richard une vingtaine de plantes de serres chaudes. Il croît aux environs de Rouen l'*elyanthemum maritimum* et le *xylium annuum*. C'est M. Couture, élève de M. Carpentier, qui a donné le dessin de la serre chaude et des deux petites orangeries qui l'accompagnent à droite et à gauche. Les couches sont sur la gauche en entrant et ont une porte chartière sur le quai. Si nous avions su les graines qui manquent à

M. Richard, M. Pinard se serait fait un plaisir de les lui envoyer et s'offre de le faire, quand M. Richard voudra le lui mander. Nous n'avons pas pu voir ouvrir le port.

Le 25, après la 26e dinée, départ de Rouen. — Polytrichum commune, le percemousse des boutiques. — Nous avons pris l'échantillon des *vergettes* du *Percemousse,* qu'on appelle mal à propos à Rouen *vergettes de racines de Bruyères.* Ils la tirent de Rocroi. Elle servent aux teintures des étoffes de cotton. C'est à Trianon *Polytrichum commune* (M. Etiemble dit en avoir vu quantité à deux lieues de Vernon, 1775).

Chemin haut de Rouen à Paris. — Après midi, nous avons quitté Rouen passant par le cours Dauphin et la coste de Saint Michel, passant par le chemin haut. On a commencé a le redresser et le ferrer. Il y a encore plusieurs formes creuzées et prêtes a remplir de bizets. La guerre a fait interrompre cet ouvrage. Quand il sera fini, on préferera le chemin haut, si l'on en doit croire l'aubergiste de *Fleuri.* En attendant, ce chemin est mauvais en beaucoup d'endroits ; aussi les terres sont-elles excellentes et bien cultivées. Jusqu'à Bourgbaudoin les côtes fréquentes qu'il faut monter et descendre du Hâvre aux Andelys blessent les chevaux et fatiguent les hommes, qui sont obligés de les passer à pié. Si toutes étoient adoucies comme la côte Saint Michel et quelques autres, ce seroit un grand bien pour le commerce de Normandie, ou en général les chemins sont détestables en hiver et partie d'automne et de printems.

Le 25, couchée à Fleuri. — Nous sommes cependant arrivés à Fleuri où nous avons couché la nuit du 25 au 26. C'est M. du Bosc, marquis de Radepont, qui en est le Seigneur. Le curé se nomme M. Aunai ; son jardin est fort bien entretenu.

Promenade à Charleval. — M. de Saint-Yves, son vicaire, demeure avec lui, et nous a beaucoup servi dans notre visite à Charleval où nous avons été dès cinq heures trois quarts, Vaché et Connant, et d'où nous sommes revenus à midi, Vacher, Connant encore. Les méchans lits de la *Couronne d'or* et l'envie de voir des ruines m'avoient rendu matineux. Il y a un pont a *Fleuri-sur-l'Andelle* et un moulin a côté. Passé le pont, il y a un petit ruisseau qu'on appelle *Les sources*, qui est sur le Vexin. M. de la Cour, auditeur des comptes de Rouen, a une jolie maison et un bel étang formé par *les Sources*.

Le Bourg. — Pié à terre de Charles IX. — Moulin à foulon. — Le chemin de Fleuri à Charleval est une crapaudière. Le bourg de Charleval ne vaut plus un méchant village, M. d'Auneuil père avoit ruiné le marché. Son fils, M. de Charleval, a voulu le rétablir, mais personne n'y vient. On tient cependant audience dans le bâtiment que Charles IX avoit fait construire pour piquer ses ouvriers. Les restes du château sont sur la droite du bourg (43). La façade des Jardins regarde vers le couchant et l'entrée vers le levant. On ne voit plus à présent que le noyau des trumeaux dont les mortiers sont si lians et si tenaces que la cupidité et l'envie de détruire ont été forcées de les respecter. Ces trumeaux étoient revêtus de belles pierres de taille et la construction étoit la même que celle des galleries du Louvre au guichet Marigny, comme nous l'avons vu en 1757. J'ai vu de ces pierres au moulin à foulon de M. de Flavigny, tout près des ruines (44). Le Rosai et d'autres chateaux voisins en ont été bâtis. Ce château étoit sur une petite eminence dans un vallon spacieux. En face est une gorge entre deux côtes de laquelle on découvre jusqu'au *Pont-de-l'arche*. Une autre gorge sur la droite regardant les jardins laisse voir Transières et Périers, à droite et Triannel et l'Ile Dieu sur la gauche.

Les rivières de Lions et d'Andelle. — Le Pont. — Bois d'Andelle. — Le prieuré. — Jardins. — Les canaux. — Les rivières de Lions et d'Andelle se joignent au pré du pont d'Andelle. C'est de là qu'on commence à flotter le bois de la forêt de Lions, passant le long de la *Côte des deux amans,* jusqu'a Pitres où on le débarde et on le laisse sécher pendant six mois, puis on le met dans des bateaux pour le remonter à Paris ou le descendre à Rouen. On étoit occupé à faucher la rivière pour flotter le bois au mois de septembre prochain. Le prieuré de Charleval a des terres jusqu'à la forêt du côté de l'entrée. On voit encore les ruines du monastère des Bénédictins. Il n'y a qu'une petite chapelle sans logement depuis que le prieuré est sécularisé. On apelle encore *Les jardins* une belle partie de terres cultivées du Domaine du Roi. Les eaux sont ici plus limpides encore qu'à Navarre et le cabriolet ne seroit qu'une bagatelle, si les canaux projettés avoient tous été exécutés, ainsi que les fossés du château et du jardin. On voit une chute d'eau naturelle au Moulin de M. de Flavigny, infiniment plus belle que toutes celles qu'on a faites avec art à Navarre. L'eau y est bien autrement abondante. Avec tous ces avantages, je ne crois pas le lieu bien sain, la fièvre y est tenace et fréquente. Mme Le Roux, sœur du curé, en est atteinte depuis trois mois, et cependant, à l'âge de trente-six ans, elle porte encore le visage d'une fort jolie cauchoise. Elle vint, il y a cinq ans, à Versailles où elle fut admirée. Elle nous a très bien régalés à déjeuner, pendant que notre camarade fumoit sa pipe en gromelant. Trois verses de pluyes que nous avons reçues nous ont empéché de détailler tout ce que nous avions envie de voir. Les fossés étoient profonds et remplis d'eau. La face de l'entrée regarde la forêt, mais rien n'égale la vue que l'on a sur la côte de Thuit. On y voit à vue d'oiseau le bourg, le château et les jardins de Charleval. Ç'auroit été le belvédère de Charles IX qui avoit son chenil à Bonnemare. Quel pays de chasse que les environs et que ce lieu eût été bien royal, si le roi y eût achevé ce que Ducerceau nous a conservé dans ses excellens *Batimens de France!* On eût pu avec bien moins de dépenses rassembler en un même lieu, Fontainebleau, Versailles et Navarre.

Le 26, départ de Fleuri. — Descendus de la côte du Thuit nous avons rencontré M. Boudier, qui avoit envoyé nos gens aux enquêtes et qui se promenoit en nous attendant. Il étoit à jeun et nous bien repus; nous venions de quitter le vicaire de Charleval et ses sabots et celui de Fleuri nous reconduisoit. Nous l'avons remercié bien, avons assisté au déjeuner de M. Boudier, composé d'une croûte de pain et d'un demion de vin, et sommes partis à midi et demi.

Ecouis. — Tombeau d'Enguerrand de Marigny. — Si les grands chemins de Normandie sont mauvais, c'est bien autre chose que les chemins de traverse (44). Nous sommes descendus de chaise, en passant à Ecouis, pour voir le mauzolée de ce fameux pendu Enguerrand de Marigny. Un des chanoines nous a accompagnés après vêpres et nous a fait remarquer au dessus du mauzolée cinq figures : Enguerrand, du coté de l'autel; le comte de Valois à gauche; un ange auprès d'Enguerrand tient un rouleau de corde; l'ange avocat du comte de Valois a l'air de plaider, et le Bon Dieu est au milieu, prêt à juger. Cette pantinade est en fort mauvaise sculpture. L'Eglise est lourdement bâtie et sent son XVe siècle. Enguerrand et sa femme sont à la porte. On voit dans la nef la tombe des deux incestueux : « Cy gît le père, ci gît l'enfant, etc. » Piganiole raconte que cette épitaphe est à Alincourt, village entre Amiens et Abeville. (*Inscr. la Fr.*, t. III, p. 208.) Un chanoine d'Ecouis nous a montré la tombe où il prétend qu'étoit cette èpitaphe ; il n'y a aucun vestige de caractères. Il y a de mauvais vers gotiques sur l'épitaphe d'Enguerrand, qu'un sacristain encore plus vieux nous a récités et corrompus en faisant force grimace. Après Ecouis les grands embaras ; nous nous sommes trompés de chemin. Un chevalier de Saint Louis, monté comme un Saint Georges, nous a redressés et conseillé de prendre à travers champ. Il a fallu à notre cabriolet l'excellent tempérament qu'il a pour être revenu entier du mauvais pas qu'il lui a fallu franchir. Antoine, à moitié pendu à un pommier, s'est vengé sur un autre qu'il a ébranché ; nous autres moitié versant, moitié mettant pied à terre, nous sommes pourtant arrivés, au Grand Andeli sans coup férir.

Le 26. — Couchée au Grand Andeli. — La côte qui y descend ne finit pas. Au bas sont les capucins ; dans le faubourg, la paroisse de la Madeleine et, au bout de la rue pavée, le collégiale N. D. Les Ursulines et les Bénédictines y sont établies. La *Rose couronnée*, notre auberge, est mitoyenne avec les premières. Devant notre maison coule un ruisseau sur le pavé, comme à Ruel, et derrière est la petite rivière du Gambon, dont l'eau est fort sale. L'église N. D. est longue et étroite, d'un gotique fort commun. Derrière le maitre autel, au dessus de l'entrée de la chapelle de la Vierge, est un tableau de la Cène. Le Sauveur du monde et les apôtres sont couchés sur un *triclinium*. Je soupçonne ce tableau être du Poussin, né à Villers, à demi lieue des Andelys. La poussière empêche d'en juger certainement, mais j'ai cru trouver la sévérité et le costume de ce grand homme. Peut-être est il de Quintin Varin, son maître, né à Andeli. Les femmes sont ici coiffées à la françoise; ce n'est plus l'élégance cauchoise. Les filles du commun n'ont rien d'attrayant. C'est encore ici du colombage. Cette ville a l'air pauvre et assez peuplée. Le marché se tient devant N. D. Au reste, les lits sont ici aussi bons qu'ils étoient durs et pleins de souris à Fleuri.

Le chœur des Ursulines est de la dernière propreté. M. Tremblain a fait les peintures et posé les vernis. Mme la Supérieure se nomme Saint-Augustin. Mme Sainte-Euphrasie, nièce du curé de Toufreville, à une lieue de Charleval, est la plus jolie créature du monde. Elle m'a ouvert la grille de la communion avec toute la politesse possible. Un Mignard, menuisier de la ville, a fait le parquet. Aux Bénédictines est un tableau sur l'autel, dont elles ne savent point le nom.

Le 27. — Couchée au Vaudreuil. — Le Thuit. — Du Grand Andeli nous avons traversé le Petit Andeli et passé au Thuit, château de M. de Montville, grand maître des eaux et forêts. Les falaises sont à pic et admirables (46). Nous avons vu les restes du château Gaillard et passé le bac à Erqueville où la descente de la côte est longue et rude. Le bac n'a qu'un pont. L'autre bout est un bec de bateau ordinaire, à la pointe duquel on met un aviron pour gouverner.

Le Vaudreuil, à vingt-trois lieues de Paris et à cinq de Rouen. — Salon rond et tournant. — Le Vaudreuil est situé sur une plaine, dont l'étendue est de plus de trois lieues. La rivière d'Eure borde et entoure le grand parc et vient se précipiter à la tête d'un canal, en formant une cataracte d'argent. Cet ouvrage a coûté quarante-sept mille livres. Il n'y a point de corps de château. Le projet étoit fait pour un million huit cent mille livres, suivant le modèle qui est encore existant. M. le Président Portail se promenoit au tour du rond d'eau plus grand que le bassin des Thuileries. Nous lui avons témoigné notre curiosité de voir un aussi bel endroit. Il nous a donné une personne de sa compagnie pour nous conduire dans le grand Parc. Ce monsieur nous a apris que le Vaudreuil avait été échangé par Charles IX avec M. de Boulainviliers-Courtenai, contre Nojon-sur-Andelle, qui est devenu depuis Charleval; que M. de Rambure avait eu le Vaudreuil par alliance et M. Girardin par acquisition. Ce dernier étoit premier commis de M. Fouquet, lors de la disgrace, et manqua d'être arrêté comme lui. C'est ce commis qui a fait les bâtiments de la basse cour où M. Portail a vingt-huit apartemens de Maître. Il avoit fait faire le modèle du château dont nous avons parlé, et employé M. Le Nôtre pour les allignemens de son parc. Sans doute que Louis Le Vau avoit donné les dessins du château, puisque l'un et l'autre travailloit à Vaux-le-Vicomte pour M. Fouquet. Le grand parc est d'une noblesse que rien n'égale; on y sent à chaque pas le coup de maître. Du grand, des points de vue, des canaux qui laissent passer la vue, des arbres de haute futaie, rien n'est petit dans ce qui est provenance de Le Nôtre. M. Portail a prolongé quelques allées et élevé quelques petites îles qui rendent l'entrée riante. Du grand parc nous sommes passés au petit ou M. le Président étoit. Il a eu la complaisance de nous montrer le château de l'orangerie, son séjour ordinaire, recherché et voluptueux. Son orangerie, où il y a cent dix-huit variétés d'orangers, une multitude de bosquets, tous variés pour la forme et les espèces diférentes d'arbres, une école de potager et une autre d'arbres et arbustes qui vivent en pleine terre en France (47). L'hermitage qu'il a fait pour la femme d'un de ses amis, un petit salon rond et tournant dont la porte d'entrée faisant un demi tour à droite se trouve en face d'une allée qui conduit à un bosquet inconnu.

L'éventail. — Il attendoit M. de Maurepas, son ami intime, qui se charge pendant son séjour de promener les gens et faire les honneurs aux étrangers, parce que, dit-il, M. Portail ne pourroit dire tout ce qu'il dit en montrant ces diférentes curiosités. Ici le petit parc est bordé de haies et de petits fossés. Il y a aussi peu d'eau qu'elle abonde dans le grand. L'éventail est encore une plaisanterie assez agréable. La pomme transparente est une curiosité que le Président a fait venir de Moscovie ce printems. Ses greffes étoient dans de la glaise, d'autres dans de la mousse. Toutes ont repris. On voit les pépins à travers la peau. Elle est au jardin des Chartreux, à Paris. Après avoir fait près de trois lieues avec M. le Président, nous avons pris congé de lui, fâchés de ne pouvoir accepter le souper et les lits qu'il nous a offerts de la meilleure grâce du monde.

Couchée au Vaudreuil. — Les lièges du Vaudreuil. — Mais il nous falloit souper en bref et nous coucher promptement pour aller, à cinq heures trois quarts du matin, voir tous trois le bois de liège que M. Le Nôtre a planté, il y a plus de cent ans, pour ce même M. Girardin. Nous avons fait une lieue à pié pour voir cette rareté dont nos François n'ont pas su profiter. Il est étonnant que M. du Hamel n'ait point fait mention de ces lièges dans son traité des arbres et arbustres (T. 2., p. 292) et qu'il dise qu'ils sont si sensibles au froid qu'il ne peuvent supporter les gelées des provinces septentrionales de la

France. Ils ont pourtant suporté l'hiver 1709 et bien d'autres. M. de Jussieu dit que c'est un *ilex* dont l'écorce épaissit en vieillissant. A l'aide de ma houiette, coupant de pié, nous avons écorché un *suber quercus* et pris des branches chargées de leurs glands, et fouette cocher à notre retour.

Le 28 août. — Matin, dîner à Gaillon, à vingt et une lieues de Paris. — Nous arrivons à Gaillon par un beau chemin ferré. Il y a ici aussi peu d'eau que le Vaudreuil en abonde. Mais les antiquités de l'avant porte, de l'avant cour, de la cour de la fontaine, de l'escalier de la chapelle qui étoit n'a guères une collégiale, nous ont retenus quelque tems; la vue élevée et rapide qui découvre la belle Chartreuse, etc., de l'apartement de l'archevêque, de la tour et surtout de la terrasse, qui étoit autre fois la grande gallerie, nous a arrêtés longtems. Les terrasses de gazon sont coupées avec plus d'art qu'à Bellevue (48). Le logement du jardinier est connu dans l'histoire sous le nom de la *Salle de la Ligue*, où le cardinal de Bourbon, archevêque de Rouen, tenoit conseil. On a bien élagué ici les antiquités. La petite galerie des archevêques a sa curiosité par les portraits que chacun des archevêques y place. Les gazons, malgré la sécheresse de l'année, y sont d'un verd admirable. Les potagers sont à droite et à gauche du logement du jardinier. La vue est bornée par les falaises. La campagne n'est pas aussi variée qu'elle pourroit être, et la gauche bornée par les côtes.

Vernon, à dix-huit lieues de Paris. — Promenade à Bizy. — Avenue ôtant la vue. — Après diner, nous sommes arrivés en moins de deux heures à Vernon, par un très beau chemin ferré ou pavé, bordé de noyers et d'ormes. Une obélisque et un rond ornent le seul détour qu'il y ait. Sur la droite du chemin, avant que d'arriver à Vernon, se trouve une avenue de plus d'un quart de lieue qui conduit au château de Bizy et qui semble avoir été plantée exprès à quatre rangs d'ormes pour cacher le seul point de vue qu'il y ait de l'ancien château. La façade des basses cours est beaucoup plus vaste que le château qui en cache la moitié et qui étoit condamné a être jetté a bas; mais depuis 1748 les choses en sont demeurées là.

M. Croimart. — Bizy. — M. Braun, anglois, jardinier de Bizy. — Culture des gazons anglois. — Les beaux gazons n'existent plus que dans le souvenir de ceux qui les ont vus il y a deux ans (49). M. Croimart est logé par le Roi à l'apartement que le chevalier de Belle Isle avoit bâti pour lui et où il n'a couché qu'une nuit. Nous avons fait visite à M. Croimart, qui avait bonne compagnie. Les ananas sont vendus à M. de la Valière pour Montrouge (*a*), à M. Cromot, à M. le Président Portail et à..........

Les orangers sont à vendre: une vingtaine à cinquante francs pièce. Les pleins bois des petits bosquets des *Goulottes* sont assez envieux et encore en bon état. Les espaliers des potagers sont très beaux, mais tout le reste dépérit. La cascade est petite, sombre et de mauvais goût. En général, rien ne frape dans ce jardin pour les formes, et, après le Vaudreuil et Gaillon, on a le regret de se lasser pour ne voir rien de neuf. Le Nôtre est mort, il a laissé peu de successeurs. M. Braun étoit au *Grand Cerf* notre hôtellerie. C'est un grand homme qui s'énonce en bons termes et qui a un air d'éducation. Il m'a instruit de la manière dont les Anglois cultivent les gazons. Un an avant de lever des careaux de pelouse, on a soin d'en arracher toutes les mauvaises herbes, après quoi on les lève, on

(*a*) Ils étoient d'une beauté vraiment supérieure.

les plaque, on les tond deux fois par semaine, on les roule. Le cheval a des chaussons et traîne avec le rouleau un camion dans lequel il y a de la terre et du terreau, on racle de tems en tems le rouleau et les semelles des pantoufles du cheval, qui a une bourse dans laquelle tombe son crotin, et un pot de chambre pour l'urine. Il y a un baquet dans le camion pour y vuider les ordures du cheval. Il faut renouveler les gazons tous les cinq ou six ans, sans quoi ils périssent, arracher soigneusement les mauvaises herbes; enfin, ce n'est qu'à force de soin qu'on parvient à avoir ces gazons qui font l'admiration des étrangers en Angleterre. M. Braun trouve qu'en général les jardins de France sont trop vastes et mal tenus. Il n'a pas tort. En Angleterre, il y a trois ou quatre jardins de trois cents arpens, mais aucune partie n'y est négligée. Il y auroit beaucoup à gagner à la conversation d'un tel homme. Il dit qu'on ne peut trop lire les ouvrages de Miler, le meilleur cultivateur qu'il y ait jamais eu.

Ledit 28 août. — Coucher à Vernon. — Dinée à Mantes, à douze lieues de Paris. — Bel acacia.

Nous avons couché à Vernon, au *Grand Cerf*, où étoit une jeune et jolie parisienne, nièce de l'hôtel. Je n'ai pu aller à Dangu, baronie possédée par M. De Noyers, surintendant des bâtimens, mort en *1645*, et, le lendemain 29, entendu la messe à N. D. Collégiale *Sainte Geneviève*. M. Boudier nous a menés un train de chasse par le plus beau chemin du monde, partie pavée et partie ferrée, passant par Bonnières, jusqu'à Mantes, où nous sommes arrivés à dix heures et demie. La ville est assez grande, haute et basse. M. le Prince de Conti en est seigneur et M. de Bouillon, gouverneur. L'Eglise N. D. a été bâtie par les Anglais. La tour à droite est fort délicate et menace ruine, celle à gauche est plus solide, moins ornée. Le rond point ne porte que sur cinq colonnes très menues. Aussi la plupart sont-elles cerclées de fer et, si l'on n'y prend garde, l'église N. D. pourra bien quelque jour tomber en partie, comme celle de Saint Maclou au même lieu fit, il y a une cinquantaine d'années, heureusement sans blesser personne, au sortir de l'office. Il y a plusieurs places. Un bon traiteur à *l'Agnus Dei* et un hôtelier au *Cheval blanc* qui *maltraite* les voyageurs. Un petit jardin, planté en acacias et dans une jolie vue, nous a fait demander la chambre qui y touche. Nous en raportons des semences dont ils ont fourni jusqu'au Havre et dans toute la Normandie. Il y a surtout un acacia qui a mes deux jarretieres de tour, c'est à dire sept pieds quatre pouces environ. La campagne est riante; le voisinage de la rivière, les Célestins qui sont sur la côte opposée sont en réputation pour avoir une vue fort jolie. Leurs vignes sont en plein midi.

Maison de l'abé de Tourni à Vernon. — Je n'ai point parlé de la maison de M. l'abé de Tourni, à l'entrée de Vernon. C'est un fief nommé : *Le Point du Jour.* Elle est à vendre. Le jardin et la maison avec la petite avenue contiennent dix arpens, une ferme qui en dépend est louée mille six cents livres. Le tout est de soixante mille livres. La maison seule de dix-huit mille livres. C'est le frère de M. de Tourni, intendant de Bordeaux, mort à Surenne, chez M. Cosse. Tourny est à deux lieues de là.

Rosni. — *Roboise.* — Nous partons à une heure et demie pour Meulan. De Vernon à Mantes, nous avons passé à travers *Rosni.* Le château qui appartenoit autrefois à M. Sulli, ministre, et à présent à M. de Senozan, et après cela par *Roboise,* village au bas de la côte où une femme est venue poliment nous présenter des poires, des pêches et des raisins.

Le 29, couchée à Meulan, à neuf lieues de Paris. — L'Ile Belle à M. Brignon. — Nous sommes arrivés à la couchée, à quatre heures après midi. Meulan est un amphitéatre terminé au sommet par l'*Eglise Saint Nicolas* et son gros clocher bas et quarré. Les côtes qui l'accompagnent sont plantées de vignes et bien cultivées. Les deux autres paroisses *sont N. D. et Saint Jacques* dans la forteresse. De l'autre côté du pont, avant que d'entrer à la ville, du côté de Rouen, on voit à droite, de l'autre côté d'un petit bras de la Seine, *l'Ile Belle*, qui apartient à M. Bignon, et que nous avons visitée. Les apartemens annoncent les belles lettres, les sciences et le goût avec la belle simplicité d'un savant. Le salon de musique est au milieu du bâtiment. Il perce dans l'étage supérieur, et est entouré d'un balcon où l'on peut venir l'entendre : l'Amour faisant un arc de la massue d'Hercule (copie de Bouchardon) orne le bas du sallon. Le milieu du plafond est occupé par un cadran horizontal qui marque les vents en répondant à une girouette. Chaque chambre est nommée selon les vertus allégoriques quedes tableaux représentent : *La force, la justice*, etc. La chapelle est ornée de tableaux et de médaillons, le cabinet a diférentes armoires de livres. Les glaces ne sont point fastueuses. Ce sont quatre carreaux dans une bordure dorée.

Ile Belle. — M. de Maurepas. — Allée de Mezy. — M. de Maurepas y a logé depuis 1753 jusqu'à 1759. Son logement étoit au commun, ayant la vue sur le bac (30). On paye un passager quand le maître y est, et les jardins sont toujours remplis du monde de la ville. Le belvédère a vue sur la forteresse, une grande allée sur le bras marchand et une plus longue encore de treize cents toises sur le petit bras, ayant sa vue sur le chemin de

Rouen et sur les côtes de Meulan. Tout est riant, tout est sage, tout est bien entretenu et de la dernière propreté; c'est le séjour d'un philosophe de 100,000 livres de rentes. Les tableaux, les médaillons sont en abondance dans les apartemens, aucune figure dans les jardins. La vacherie est auprès du quinconce, une promenade champêtre du côté marchand. L'île de Calipso n'étoit pas plus aimable. L'allée du Mezy est allignée sur ce château, apartenant à *M. de Mezy*. Une autre est terminée par le clocher de Saint-Jacques. La petite rivière d'Obette passe au bas de la ville et fait aller plusieurs moulins a blé. Elle se décharge auprès du bac de l'Ile-belle. L'auberge du *Croissant* a une seconde maison auprès du maréchal ferrand, où il y a une très grande cour et un grand jardin. L'hôtel du *Grand croissant* a de très grandes écuries et la porte donne sur les trois chemins de Paris, de Rouen et de Pontoise, ce qui acrédite beaucoup cette maison qui n'a point d'aparence.

Abaye de Poissi. — Saint Germain en laie. — Le chemin de Meulan à Poissi, pacsant par Triel, est de cinq lieues, bien aligné, bien planté, bien roulant. L'église de l'abaye est un beau et très beau gotique commencé par Philippe Le Bel et achevé par Saint Louis. Il a plu a M. Le Brun, premier peintre de Louis XIV, de gâter l'admirable rond point de l'église, et de le cacher par un maussade rétable d'autel à la Romaine, qui fait le cadre de son tableau d'un coloris aussi brun que son nom. Le chœur des dames de Poissi est décoré de belle menuiserie et tient les trois quarts de l'église pour assoir quarante trois nones, qui, pour avoir fait vœu d'humilité, n'en méprisent pas moins les belles voix qu'on reçoit parmi elles et que le Roi anoblit auparavant. Le dehors de l'église est un bijou. C'est un charme de voir comment les contreforts et les minarets qui les couronnent font ornement et laissent un libre passage au jour qui éclaire les croisées.

De Poissi à Saint-Germain il n'y a qu'une lieue de traverse, en passant par la fôret qui est du plus beau verd, tout en chênes. Le comble du château mériteroit une couverture supérieure pour y voir en tout tems l'horizon tout entier. L'heure de midi est la plus favorable; on y découvre la machine, la maison de la comtesse de Toulouse, Ruelle, Nanterre, Le Mont Valérien, Montmartre, Chatou, Maisons, la Vallée de Montmorency, Le Pecq, Le Pont du Pecq, la rivière, le bois de Vizines, Saint Denis, Carrière, etc., etc. la forêt, il faudroit un volume pour tout dire. La plus petite étendue de l'horizon est Poissi et une lieue de ce côté; à l'oposite, quatre, cinq, six et neuf lieues. La terrasse a une demi lieue d'étendue. La maison du Val est vis à vis le dernier avant corps. L'hôtel de Noailles est dans la plus belle situation. La petite maison de M. Martin est attenant la grille de Poissi et à deux pas de la forêt. Le jardin est très joli, les pêches en sont excellentes. La maison donne sur la grande rue. Le petit salon est très gai, et le biais n'est pas trop sensible; cependant on auroit pu le sauver et tirer un meilleur parti des jardins.

3o, arrivée à Versailles. — A une heure et demie après midi, nous sommes partis du *Prince de Galles*, notre auberge, vis à vis la porte latérale de la paroisse, passant par l'abreuvoir et le jardin de Marli. Nous sommes arrêtés au plus haut de la rivière de Marli, aujourd'hui, le pré d'Antin, passé devant la ramasse, la grille du trou d'enfer et les deux portes. Nous avons admiré la largeur de la chaussée du chemin, et nous avons désiré que le chemin de Versailles à Paris en eût une pareille. Nous sommes rentrés dans le petit parc de Versailles par la porte Saint Antoine, en laissant le petit Trianon sur la droite et l'hermitage sur la gauche. Nous avons fait le tour du bassin de Neptune pour passer la grille du Dragon et traverser la ville jusqu'à l'hôtel Seignelai, où nous sommes arrivés à quatre heures. Nous avons trouvé notre maman et notre cousine en bonne santé, et nous avons soupé avec M. et Mme Martin, dont la bonne compagnie nous a délassés de nos fatigues.

Le lendemain 31, à neuf heures du matin, l'ami Boudier est monté dans sa chaise et nous a donné le regret de ne pouvoir encore l'accompagner.

FIN DE LA TOURNÉE EN NORMANDIE.

1. – La Queue est un long village mal pavé, situé dans une plaine et qui forme une démarquation entre les bonnes et les mauvaises terres. De là jusqu'au moulin des Landes et plus loin encore c'est un pays vaste et dévasté, plein de landes en effet. Cependant quelques parties défrichées font croire qu'on pourrait tirer parti du reste.

Le passage des quatre piliers n'existe plus que sur la carte de Cassini : les piliers sont abattus.

Peu après on traverse un hameau du village de l'Aunay; on le nomme *le Bœuf* à cause de l'enseigne du *Bœuf couronné* qui s'y trouve.

2. — Est-ce en suivant cet usage de mettre un toit sur les puits que les fonds baptismaux d'Houdan se trouvent couverts par un dôme, comme ceux des chaires portatives?

3. — La veille, au lieu de croire continuer le voyage, tout sembloit en annoncer la fin précipitée. Le dévoiement que mon père avoit rapporté de Saint-Prix, le 22 juillet, sembloit augmenter encore et l'affaiblissoit beaucoup. Il se laisse donner une rôtie au vin pur et cannelle, en a en aparence une indigestion complette et se trouve cependant le matin fort et vigoureux et en mettant pied à terre se juge guéri. Il l'étoit en effet : seroit-ce un remède à récidiver ?

4. — Les villages ne sont plus ceux des environs de Paris. Murs bas, couverts de chaume, bâtis et gobtés en terre, assis sur un purpin de briques : les maisons, vraies

chaumières, séparées par de petites cours dont les portes chartières couvertes magnifiquement en tuile, on ne sait par quel caprice; ce toit soutenu par une énorme charpente valant souvent celle de la maison.

5. — Dreux nous parut singulièrement vivant. C'étoit l'heure de la messe, à la vérité; mais on rencontroit des hottes, paniers et tout l'attirail d'un marché considérable. Je n'ai pas su comment, car c'étoit un dimanche.

Dans les fossés de la citadelle, entr'autres plantes, se trouve le *fenouil* aussi commun que le *boucage*.

6. — A Nonancourt on voit plusieurs maisons dont le devant est soutenu par deux ou trois poteaux ou *paux*, comme on dit dans le pays. Cela s'appelle un *avant solier*. Le dessus en *colombage*, c'est à dire en pan de bois aparent : les vides assez souvent remplis en brique, ce qui doit être assez lourd.

7. — En chemin le Comté de Tillières tout demantelé nous expose au danger de passer sous la seule porte qui reste de l'ancienne enceinte et dont deux portions de voûte se soutenoient à peine, les clefs de la voute étant déja tombées.

8. — Nous vîmes, des fenêtres de cette dame, passer un enterrement dont le cérémonial mérite *memento*. Une sonnette marchoit en tête, comme au devant des sacrements : après un clergé peu nombreux, paroissoient des *confrères de la charité*, les uns portant le corps, les autres l'accompagnant, tous vêtus de noir, un chaperon rouge sur l'épaule, et un bouquet au côté, le tout terminé par un groupe d'hommes et de femmes sans marque de deuil, comme à la suite d'une procession.

9. — La faïencerie de M. Villette est établie au moyen d'un ancien four à chaux dont il a fait l'aquisition ; il trouve dans le voisinage la terre à faïence.

Pour blanchir la cire des abeilles des environs il a préparé les ustensiles. On fait fondre la cire jaune dans une chaudière, elle coule par une canelle dans un long bassin de fer blanc, percé de nombre de petits trous : au dessous est un cilindre de bois a moitié plongé dans l'eau d'une grande cuve : on tourne sans cesse ce cilindre quand la cire fond, de sorte que tombant dessus par les petits trous, en goutes longues ou même en filets, elle prend la forme de petits coppaux minces et frisés qui nagent sur l'eau d'où on les porte sur de grosses toiles étendues sur des claies au soleil, à trois pieds de terre ; et l'on l'y arrose au besoin, comme les toiles sur le pré.

10. — On dit ce grison trop dur à travailler, et que c'est pour cela qu'on ne l'emploie plus; il est vrai que les pierres de la *Tour grise* sont aujourd'hui au refus de l'outil.

11. — C'est à Verneuil que j'ai trouvé, sur les rives de l'Avre, le grand *Poa aquatica* que M. Villette a bien voulu depuis envoyer à Trianon où il manque. Scheuchyer l'indique dans les fossés de la citadelle de Lille ; mais M. de Jussieu dit qu'il croît aussi dans la Bièvre, près Paris.

12. — J'ai trouvé dans l'Iton, à la première vue, la Salicaire, la Lisimachie, la Bauche (Spartganium), le Curage, le Nénuphar et le Meniante.

13. — La forêt d'Evreux a du être autrefois en coupes de taillis. Les sépées forment à présent un très beau bois de chêne de basse futaie ; elle est très étendue et plusieurs villages y sont renfermés. Les mortbois qui sont considérables consistent en genévrier et romarin. A la sortie du bois il y a encore plusieurs arpens de ce dernier que l'on coupe tous les cinq ou six ans pour le chauffage.

14. — Le Président Turgot se hâtoit de revenir à Paris

pour se trouver au célèbre jugement définitif du 6 août suivant.

15. — Un porc géant venoit de recevoir depuis quelques jours les hommages de toute la ville. Nous avons été comme les autres admirer son énormité. Au reste, on nous a dit que cette grande taille n'étoit pas rare à Caen, d'où il venoit.

16. — On vante beaucoup à Evreux le tabernacle des filles de Saint-Sauveur. C'est un morceau ancien, en bois noir, garni d'une grande quantité d'argent mal travaillé, le tout fesant cependant l'effet le plus brillant par la belle ordonnance de l'architecture.

17. — L'entrée du château de Navarre est très noble. De grands arbres de ligne bien plantés, bien entretenus, d'immenses pièces d'eau d'où sortent des jets de quarante pieds de haut. Tout se rapporte a un pavillon quarré, dans le genre de celui de Marli. On dit qu'il devoit être accoté de deux ailes basses en arrière corps. Le Duc de Bouillon a négligé de les faire bâtir et laisse même dépérir les jardins : tous les bassins en sont à sec. Il ne dépense que pour son cabriolet.

Ce cabriolet est un petit palais enchanté, détaché de l'enceinte en devant. Rien ne l'annonce et la surprise est plus piquante ; car dès qu'on en a passé l'entrée on cherche Armide à chaque pas. Le centre est un sallon frais, entouré d'eaux plattes et jaillissantes. Ce sallon, peint en dedans, est décoré d'un lustre et de plusieurs girandolles en porcelaines, aussi bien montées que belles. Le dehors est orné de treillages et rocailles. De ce point partent plusieurs allées et plusieurs canaux avec des cascades en amphitéatre, qui vont jour et nuit et qui forment le coup d'œil le plus agréable. Dans l'intérieur des pleins bois sont les plus jolis bosquets où l'on trouve à chaque instant quelques nouvelle surprise, rochers ou effets d'eau, corbeilles de fleurs, cabinets de repos, tous jolis et variés.

Cependant, même en sortant de ce cabriolet, les beautés du grand jardin se font toujours sentir : elles sont d'un tout autre genre. Là, tout respiroit la volupté, ici tout imprime le respect. Un bois de haute futaie, bien percé et bien soigné, des canaux et des pièces font reconnaître la majesté du siècle de Louis XIV.

Sur la gauche du sallon, du même côté que le petit château, on trouve un bosquet appelé l'*Ile d'amour*, avec l'orangerie par derrière : les orangers en sont distribués avec goût et disposés en une sorte d'amphitéatre qui fait un bon effet.

18. — Le moulin à tordre le coton est très simple et très ingénieux : une manivelle qu'un enfant feroit mouvoir, réunit les deux opérations du dévidage. Elle fait tourner, horizontalement et très lentement, un grand dévidoir, qui forme à la fois cinquante ou soixante écheveaux : et en même tems, au moyen d'une corde croisée qui passe sur une roue horizontale, elle fait tourner verticalement, avec une extrême vitesse, cinquante ou soixante bobines, qui, par conséquent, se dévident et se tordent. C'est ce fil qu'on emploie, tant pour la trame que pour les chaînes des velours de coton. Je dis les chaînes, car il y en a deux en quelque sorte, une qui forme l'étoffe, étant ourdie avec la trame, l'autre destinée à être coupée pour faire le velu du velours. Cette opération se fait au moyen de deux fils de laiton qu'on place alternativement aux deux côtés de la *duite*, et entre lesquels passe un petit tranchoir qui coupe une des deux chaines. Si on ne faisoit pas cette opération l'étoffe ressembleroit a du cannelé. Ce tranchoir coupe la chaine assez également pour n'avoir pas besoin de l'être

au ciseau, comme les draps ou les tapis du levant. On tient après cela le velours et on le brosse avec une vergette de six pouces sur dix-huit, et dont le poil est de deux ou trois pouces de long. Ces vergettes sont faites d'une espèce de mousse terrestre, appellée à Trianon *Polytrichum commune*, qui est rougeâtre et se trouve communément à Rocroi en Flandre, d'où on l'envoie aux marchands de Rouen, qui les fabriquent et les vendent sous le nom de *Brosses de Bruyères*, parce que le percemousse croit dans les bruyères.

19. — Dans les villages de la plaine de Neubourg, sur le pignon des maisons, on voit souvent des croupes de charpente couvertes de chaume, destinées à le garantir de la pluie, et cela s'appelle *queue d'héronde*. Au reste, ce pays est remarquable par la richesse des terres et la pauvreté des cultivateurs.

20. — Les manufactures de drap qui sont à Elbeuf au nombre de quatre-vingt, en font une ruche où personne n'est dans l'inaction : de sorte qu'Elbeuf, qui n'est cependant qu'un bourg, est bien plus vivant que Verneuil, capitale du Perche et même qu'Evreux, qui est un évêché. On y file aussi le coton en grande quantité pour les manufacturiers de Rouen. Le rouet est tout différent de celui dont on se sert pour le chanvre et le lin. Il n'a point d'epinglier. La bobine est un bâton de chennevi creux, dans lequel on fait entrer la broche de fer. La manière de filer est aussi très singulière. On carde le coton à mesure qu'on veut le filer : on en forme de petits rouleaux de sept ou huit pouces de long sur quinze ou seize lignes de diamètre : on prend alors un de ces rouleaux et on l'attache sur le bout de la petite broche de fer : en suite, pendant qu'on tourne la roue de la main droite, avec une grande vitesse, on tire le cotton de la main gauche, de la

longueur de deux pieds environ, après quoi, arrêtant tout court et faisant tourner la roue très lentement, on lâche le fil, en le poussant du côté de la roue pour le faire dévider sur la bobine, ce qui s'appele *vouder*. Les fileuses se tiennent debout, quelques unes donnent beaucoup de grâce à ce travail. Nous avons admiré, entre autres, Mlle Aumont, parente de notre aubergiste et notre voisine.

21. — Le portail vient d'être bâti depuis quelques années, sur les dessins de M. Galot, architecte de Rouen; un soubassement et un seul ordre au dessous du fronton; un grand vitrail au dessus de la porte principale, tout cela forme une ordonnance sage et agréable. Mais ce qui attire le plus la vue dans cette église, c'est le couronnement du maitre-autel : un transparent entouré de dorure fait un bel effet et a peut être fait imaginer la *gloire* que l'on voit à Saint-Roch, à Paris. Nous avons appris à Saint-Jean un usage de Normandie, qui est de mettre un cierge à la place des paroissiens propriétaires de bancs, depuis leur mort jusqu'au service du bout de l'an : c'est la litre des bourgeois.

22. — A droite du château est un petit ruisseau très rapide, qui borde le jardin de deux côtés et va se jetter dans la Seine, près d'Orival. Sur ce ruisseau est un moulin qui apartient à l'abé de Jumièges. Tous les samedis on lâche l'écluse du moulin et la réserve coule dans toutes les rües du bourg pendant près d'une heure, pour laver les ruisseaux et nettoyer les rües.

Que ne peut-on en faire autant à Paris!

23. — Et au bout de l'ile Comte, le vrai prunier sauvage *Prunus insititia;* il y en avoit cinq ou six chargés de prunes très revêches et de la couleur de celles de Damas, mais plus petites : ces prunes étoient entrelacées

de vignes, ce qui formoit un très joli effet et pourroit tenir sa place dans un paysage.

24. — La première opération consiste à teindre la laine, après quoi on la carde à deux fois pour séparer la *bourre lanisse* de la *bourre laine :* on humecte à cet effet les toisons avec de l'huile d'olive grossière venant de Séville. Cette laine est envoyée par ballot à la campagne pour y être filée, de la même manière que nous avons dit que se filoit le cotton. On rapporte le fil à la manufacture où l'on en tord une moitié pour faire la chaîne, couvrant les fuseaux de la navette avec l'autre moitié non tordue : on ourdit ensuite l'étoffe comme de la toile ordinaire, à l'exception qu'à cause de la grande largeur du métier, il faut deux ouvriers, un à chaque bout, pour recevoir et renvoyer la navette. On a cependant imaginé une petite méchanique fort simple pour qu'un seul homme puisse conduire sa navette : cela diminuroit la main-d'œuvre ; je suis étonné qu'on ne se serve pas de cette invention, car sur cinquante métiers, nous n'en avons vu qu'un seul de cette façon. Quand la pièce de drap est finie on l'envoye à la foulerie, où on la resserre considérablement par une opération qu'on verra détaillée ci-dessous. Ensuite on l'étend sur des roues, pour l'allonger et la rétrécir ; après quoi il faut lainer le drap. Tout le monde sait qu'on se sert pour cela d'une espèce de chardon, qui en a pris le nom de *chardon à foulon ;* mais celui qu'on trouve communément aux environs de Paris n'est pas bon à cet usage, quoique plus gros, et diffère de l'autre en ce que les pointes de la tête de celui ci sont longues, droites et molasses, au lieu qu'elles sont dures, courtes et recourbées dans l'autre espèce : on en cultive en quantité aux environs de Louviers. Quatorze de ces têtes, rangées en deux files, huit en haut et six en bas, forment *le peigne*

dont on se sert pour lainer le drap. Cette opération demande deux hommes, qui tiennent chacun deux peignes, quoiqu'ils tirent de haut en bas de la longueur de deux pieds environ, lainant ainsi une seule pièce de drap pendant vingt quatre heures; observant de mouiller d'abord le drap, puis de mouiller souvent les peignes et d'en changer pour les faire nettoyer par le cureur. Il faut ensuite tondre le drap; pour cela on le bande sur une table, où d'immenses ciseaux appelés *forces* coupent l'excédent de la laine; ces forces ont une lame fine qu'ils apellent *le mâle :* elle est chargée d'environ trente ou quarante livres. Le tondeur s'appuie dessus pour la faire avancer et de la main droite il la retient pour la gouverner, tandis qu'au moyen de la *manioche,* qu'il tient de la gauche et d'une corde à laquelle ce petit morceau de bois est attaché, il fait mouvoir *la femelle* qui, en approchant de l'autre lame, racourcit les poils du drap pour les rendre d'égale longueur. Il est bon de savoir que c'est avec ces tontures que l'on fait les tapisseries appelées de laine hachée : rien n'est perdu chez un peuple industrieux. On tond le drap trois ou quatre fois, le lainant toujours alternativement jusqu'à ce qu'ayant reçu la dernière tonture, il soit à sa perfection.

Cette visite nous employa toute notre matinée. N'ayant plus rien à voir après diné, nous fûmes encore rendre visite à notre voisine la voudeuse, et de là goûter dans la commune le bel air du bord de la Seine et jouir d'un paysage délicieux formé par la rivière, les iles, Orival et la forêt de la Londe; mais le plus singulier c'est la vue de la côte de la Justice où sont tous les jardins des manufacturiers, ce ne sont ni des pêchers, ni des poiriers, ni aucune autre espèce d'arbres qui forment les contres-paliers; ce sont des rames couvertes de pièces de drap de toutes couleurs; cela fait assurément une montagne bien habillée; un peu arlequin, mais n'importe, je crois qu'on chercheroit longtems pour en trouver une pareille.

27. — C'est en haut de cette butte que j'ai trouvé la *Pyrole*, sur le bord du bois à droite du chemin, en allant à Rouen, parmi une grande quantité de genèvriers et de *ruscus* ou petit houx. J'ai enseigné la Pyrole à M. Pinard, médecin à Rouen et professeur du jardin botanique de l'Académie, il n'en connoissoit point aux environs; comme elle est fort rare en France, il est bon d'inscrire tous les endroits où elle croît naturellement et de mettre celui-ci à côté de celui que M. Cammartin a découvert à l'entrée du parc de Chaville, près Versailles, entre le douze et le treizième arbre à droite, à compter de la porte verte.

28. — La forest de Rouvray tient à celle de la Londe : elles renferment plusieurs villages et quelques landes incultes, surtout du côté de Rouen. La dernière côte qui descend à Rouen est extrêmement aride et pierreuse, cela n'annonce point du tout un aussi bon pays que l'est la haute Normandie, de même que le faubourg Saint-Sevère n'annonce point du tout une ville aussi commerçante que l'est Rouen.

Les bâtiments sont modernes et ressemblent à ceux de Verneuil et d'Evreux, les rües assez larges et les maisons entrecoupées de cours spacieuses et de grands jardins. Ce quartier qui occupe un terrain assez grand n'a qu'une paroisse qui est Saint-Sevère.

La disparate entre ce faubourg et la ville est aussi grande que celle qu'il y a entre l'ile Saint-Louis et la Cité. Car, après avoir passé le pont, on se retrouve, à peu de chose près, au centre de Paris. Les maisons à trois et quatre étages : les rües étroites, bordées de boutiques et très passantes, tout cela représente assez bien l'ancienne Lutèce et ne diffère de Paris moderne que par moins d'étendue, des maisons de bois, et peu de carosses. La cathédrale est grande et gothique, ainsi que presque toutes les autres églises, parmi lesquelles on admire celle de l'abaye de Saint-Ouen. Il y a peu de bâtiments modernes, si ce n'est sur le pont où l'on voit avec plaisir la maison des consuls, la douane, la bourse et la romaine; tous ces bâtiments sont du siècle, ainsi que le lieu de santé. A l'extrémité du port, à coté de la Romaine, est le vieux palais. C'est une enceinte où sont renfermées plusieurs maisons servant de logement au gouverneur, intendant et autres officiers royaux, quelques ruines et les prisons. Derrière doit être l'hôtel de ville; les travaux en étoient suspendus et il n'étoit que hors de terre. Le vieux marché est au devant, le long de la rue cauchoise, où nous avons logé *à la Vache couronnée*. On l'appelle ainsi pour le distinguer du nouveau marché qui est derrière l'ancien hôtel de Ville, et du *marché aux veaux* qui est auprès de la *rue grand pont* (*sic*).

C'est dans ce lieu qu'a été brulée Jeanne D'Arc, si connue sous le nom de *Pucelle d'Orléans*. On vient de reconstruire sa statue depuis quelques années; elle est placée au dessus d'une fontaine. Une femme de ce marché, qui nous la voyoit regarder, fit à mon père ses tendres plaintes de ce qu'on l'avoit reconstruite si matériellement. Autrefois, lui disoit-elle, c'étoit de petites colonnes mignones qui la supportoient, mais à présent c'est trop grossier. Il est peut être plus d'une occasion où le gothique est préférable au romain, pour des yeux instruits par la nature.

29. — En général la ville de Rouen est très peuplée pour son étendue. On y compte soixante mille âmes,

trente-deux paroisses, quelques collégiales, et un grand nombre de couvents d'hommes et de femmes.

Le soir même de notre arrivée, je fus, avec M. Boudier, parcourir notre quartier. Mon père ne put être de notre promenade, craignant de fatiguer son pied. Nous vîmes donc le pont de batteaux et le port. Ce pont est composé de dix-neuf batteaux qui se tiennent par des croix de Saint-André, qui supportent le pavé, excepté aux deux bouts, où ce ne sont que des planches assemblées en travers du pont, de manière à se prêter à la marée, qui fait quelquefois lever les batteaux de neuf ou dix pieds au dessus du courant ordinaire. Ces batteaux sont arrêtés par des pièces de bois enfoncées verticalement dans de gros massifs qui tiennent lieu de piles. C'est entre deux de ces pièces de bois que glisse, comme dans une coulisse, la queue de chaque batteau, ou du moins d'un sur deux. Il n'y a que les petits battelets des passagers qui puissent passer dessous ce pont : aussi a-t-on pratiqué une ouverture dans le milieu pour laisser passer les grands batteaux. La méchanique consiste en deux ponts tournants qui se relèvent sur le batteau du milieu, qu'on retire ensuite pour laisser un passage aux plus grands batteaux et même aux vaisseaux.

3o. — Le frère Nicolas, auteur du pont des Thuilleries, est en partie celui de ce pont qu'on admire avec raison et qui a deux avantages au dessus d'un pont de pierre : Premièrement de laisser passer les bateaux et les vaisseaux sans obliger à les démâter, secondement d'être de niveau au quai ou à peu près, au lieu qu'un pont de pierre de cette largeur seroit excessivement élevé ; sans doute que c'est ce qui a déterminé à construire celui-ci plutôt que d'en rebâtir un de pierre, lors de la destruction de l'ancien, dont on voit encore quelques piles. Au reste, l'entretien de ce pont n'est pas considérable, on ne reconstruit qu'un bateau tous les ans. On alloit le placer sous trois ou quatre jours, lorsque nous vîmes le pont.

31. — Le moulin à foulon a pour premier mobile une roue à eau, dont l'axe est armé de petits leviers qui soulèvent le bout des piles, qui, tenant à un pivot par le bout d'un long manche, retombent dans des augets de la même forme que les piles, qui pressent, en retombant, une ou deux pièces de drap, jettées en paquet dans l'angle où elles sont continuellement arrosées, afin, en détrempant la glaise dont elles sont couvertes, de dégraisser le drap. Notté que par la compression qu'il reçoit il tourne perpétuellement sur lui-même, de manière qu'il présente toujours une nouvelle face sous la pile qui, comprimant ainsi l'étoffe, la rend comme on vient de dire.

32. — Les forces à tondre, qu'on tiroit autrefois d'Angleterre, se font présentement en France, sous la conduite d'un ouvrier anglois attiré en Normandie. On les forge à quelques lieues de Rouen, puis on les repasse à Darnétal sur une forte meule, mise en œuvre par une roue à eau.

Quant aux frises à l'angloise, c'est une méchanique très ingénieuse et très simple, dont le premier mobile peut être le vent, l'eau, des chevaux ou des hommes. Après la complication de plusieurs rouages, pour multiplier la vitesse, il se trouve deux lanternes verticales, dont les axes sont alongés et coudés, de sorte qu'en tournant avec une extrême vitesse, ils obligent à une vacilation continuelle une planche qui y est fixée. Cette planche est enduite en dessous d'un mastic très dur et tout couvert de petits points, semblables à ceux d'un gros chagrin. On roidit cette planche avec des bâtons, apuyés par en haut sur le chassis qui embrasse toute la machine, et qui font une pression de trois mille. C'est sous cette planche qu'est placée l'étoffe que l'on veut friser, après lui avoir donné les façons d'enlainage des deux côtés et d'une coupe grossière seulement d'un côté. L'étoffe est soutenue par une seconde planche fixe et garnie de panne. C'est par le moyen d'un axe, tournant très lentement, garni de petits bouts de fil de fer, semblables à ceux des cardes, et sur lequel l'étoffe s'attache, qu'elle est forcée à s'échapper également d'entre les deux planches, ce qui les marque de ces petits points qui constituent les ratines.

32. — Il est de deux sortes de siamoises flambées ou chinées. Les unes flambées au hazard et les autres en mozaïque réglée. Pour faire les premières, il suffit de lier l'écheveau très serré de distance à un autre avant que de le mettre à la teinture, de sorte que le fil soit teint de deux couleurs : c'est ce fil, ainsi chamarré, qui produit la bigarure des étoffes où il est employé. Quant à la seconde sorte où l'on suit une mosaïque, elle demande beaucoup plus d'attention, savoir : 1° en ce qu'il faut prendre juste la largeur des quarreaux pour lier le fil en écheveau ; 2° en ce que l'ouvrier est en outre obligé de prendre soin de placer chaque fil suivant le dessin. Enfin, si l'on veut ajouter une mouche au milieu, il faut avoir deux navettes, attendu que la distance des mouches et des carreaux n'est pas la même.

34. — La cassonade telle qu'on l'apporte d'Amérique, qui ressemble a du gravier mêlé de sable jaune, est d'abord mise en fusion et mêlée d'une légère eau de chaux, puis jettée dans des chausses ou elle laisse sa première eau et d'où elle tombe dans de très grands moules en forme de tronquée ; ces moules ont un petit trou par où le sucre le plus grossier tombe dans des récipians. Pour

faciliter cette première purgation, on couvre le sucre d'une espèce de terre glaise très liquide afin que l'eau traverse toute la masse du sucre et entraîne tout ce qui lui est étrangé : lorsque les pains sont séchés on les refont et on les met dans de nouveaux moules de la forme des pains ordinaires, on les purge encore de la même manière que cy-dessus, puis on les retire du moule afin de leur donner de l'air, on les remet dans le moule du même sens, on les met ensuite sécher à l'air, puis dans l'étuve où ils restent huit jours, après quoi les pains de sucre sont en état d'être vendus et mangés.

35. — Dans cette côte de la Justice, trouvé l'Osmonde polipode (*Osmunda spicans*), plante assez rare et aussi abondante en ce lieu que toutes les fougères dans ceux où elles se plaisent : remarquable en ce qu'une partie seulement de ses feuilles porte des graines.

36. — On dit dans le pays l'église d'Harfleur construite à Londres et aportée toute bâtie. Il est du moins vrai qu'elle a été bâtie par les Anglois ; elle n'est pas achevée.

Vu du lin coupé, étalé sur terre, déchargé de sa graine : C'étoit pour le rouir, car il rouit sans eau.

37. — Ce nom *Havre de grâce* désigne assez bien une terre venue de *Dieu grâce* par des alluvions successives, car le port étoit jadis à Harfleur et tout le territoire du Havre étoit alors sous l'eau. On dit que c'est François Ier qui l'a fait bâtir.

38. — Pour des yeux un peu myopes, la ligne qui termine l'horizon se fait à peine sentir, la couleur du ciel et celle de l'eau devenant presque la même.

On mange cinq espèces de Rocailles, homarts, tourteaux, étrilles, crevettes ou chevrettes, bouquettes ou salicoques.

Le fond de la mer, après le galet, n'est composé que d'un petit sable très fin, luisant et toujours humide, où les traces s'effaçent à mesure qu'elles se font : on y trouve çà et là de grosses roches de six à dix-huit pouces, toutes couvertes de varech (*fucus vesiculosus*, *f. filignosus*), de celui qu'on nomme le baudrier (*f. sauberetus*), et en outre de Lepas, de Nérites, de Pourpres, Pois noirs et jaunes.

39. — Herborisation dans un pré maritime : ***Salsola Kuli*, *Aster Tripolium*, *Salicornia europea*, *Juncus squarrosus*, *Triglochin palustre***, et dans l'eau ***Ulva lactuca*** ou laitue de mer.

40. — C'est à Jumièges que se trouve le tombeau d'Agnès Sorel. On nous a communiqué son épitaphe que voici :

Fulgor Apollineus rutilantis luxque Dianæ
  Quam jubaris radiis clarificare solent
Nunc tegit ops et opem negat atrox iridis arcus,
  Dum furiæ primæ tela superveniunt.
Nunc elegis dictare decet planctuque sonoro.
  Lætitiam peccat turtureus gemitus.
Libera dum quondam quæ subveniebat egenis
  Ecclesiisque, modo cogitur ægra mori.
O mors sæva nimis quæ jam juvenilibus annis
  Abstulis à terris membra serena suis,
Manibus ad tumulum cuncti celebretis honores
  Effundendo preces quas nisi Parca sinit.
Quæ titulis decorata fuit decoratur amictu
  In laudis titulum picta ducissa jacet.
Occubuere simul sensus, species et honestas,
  Dum decor Agnetis occubuisse datur.
Solas virtutes, meritum, famamque relinquens,
  Corpus cum specie mors miseranda rapit.
Præmia tum mortis luctus, querimonia, Tellus.
  Huic ergo celebres fundite, quæso, preces.

41. — Dans le bois de Jumièges : la petite gantelée (*Campanula glomerata*) et dans les bosquets le Pale notier (*Staphylea primola*).

42. — La forêt de Bretonne est riche en plantes, *Palypodium... Axalis Acetosella*, *Evica...* au Landin, Tilleul.

43. — Belle vue sur la côte de Thuit, d'où l'on commande au château et d'où l'on voit en remontant l'Andelle, à gauche Trianel et l'Ile Dieu, et a droite Trausières et Périers.

44. — Foulerie Hollandoise à piles droites, préférables à celles de Darnetal, comme infiniment plus lourdes et frappant plus également par leur chute perpendiculaire.

45. — Nous étions alors près de *Noyers :* seigneurie et retraite du surintendant des bâtiments Des Noyers.

46. — Ces falaises sont tellement à pic qu'on les croirait taillées de main d'homme.

47. — Ce salon rond n'est qu'une sorte de chapeau de moulin qui tourne à roulette sur une coulisse.

Orangerie percée des deux côtés, bien ou mal : observation à reprendre.

48. — Ces terrasses forment des rampes douces qui sauvent la côte sans être aperçues du bas du jardin. Parc très grand sur la plaine haute.

49. — Le vieux château de Bisy mal placé, le nouveau mal disposé : la bassecour seulement exécutée beaucoup trop magnifique : la grande avenue ôtant la seule échappée de vue qui se trouvoit entre deux côtes assez voisines. Jardins n'ayant point de rapport aux bâtimens traités en petit, quoique d'une grande étendue, terminés par quelques maisons et chaumières sans ordre. Quant aux gazons, immenses et fréquents, mais mal semés, ne valant jadis que par le grand soin; devenus

des prés depuis qu'ils sont négligés ainsi que tout le reste.

5o. — Ce commun de l'Ile Belle est subordonné au dehors au principal corps de logis et en outre caché par un berceau qui continue jusqu'au bout de l'Ile dans la longueur de treize cents toises.

www.ingramcontent.com/pod-product-compliance
Ingram Content Group UK Ltd.
Pitfield, Milton Keynes, MK11 3LW, UK
UKHW021224230726
13926UKWH00003B/1233

9 782013 630115